FRIGGITRICE AD ARIA ZEROSBATTI

VALERIA PREZIOSO

- RICETTE TESTATE CHE TI ACCOMPAGNANO TUTTO L'ANNO -
DAGLI ANTIPASTI AL DOLCE, DALLE SPECIALITÀ REGIONALI
ALLO STREET FOOD E AI PECCATI DI GOLA

Ti aspettiamo sul Gruppo Facebook ufficiale
www.facebook.com/groups/friggitricezerosbatti/

ISBN 978-1-914370-68-7

SOMMARIO

CONSIGLI UTILI

Per favorire la circolazione uniforme dell'aria e ridurre allo stesso tempo lo sporco, posiziona il cibo su carta da forno forata. Pulire dopo la cottura sarà un gioco da ragazzi.

Ungere il cestello della friggitrice, anche se antiaderente, è utile per non far attaccare i cibi. Per farlo velocemente puoi utilizzare uno spruzzino, oppure versare qualche goccia di olio e distribuirle uniformemente utilizzando un foglio di carta da cucina.

Prendi la buona abitudine di preriscaldare la friggitrice, in particolare quando devi cuocere la carne. In questo modo, infatti, si sigillerà come quando la cucini in pentola, preservando i succhi all'interno senza seccare troppo. L'operazione è molto veloce, dal momento che la friggitrice ha un volume ridotto rispetto a un normale forno.

Quando cuoci lievitati e dolci, metti poca acqua sul fondo del cestello: ti aiuterà enormemente in cottura.

Ogni modello di friggitrice ad aria ha la propria potenza. Verifica sempre i tempi indicati nella ricetta. Meglio cuocere qualche minuto meno e controllare prima di terminare la cottura.

I contenitori da utilizzare per la cottura sono quelli che si utilizzano nel forno, per esempio: terracotta, ceramica, vetro, ghisa, acciaio, silicone e alluminio. Evitare legno, plastica e contenitori in carta. Contenitori dotati di maniglia agevolano l'estrazione dal cestello.

Se la tua è una friggitrice a cestello, assicurati di non riempirla troppo. In questo modo la cottura sarà uniforme.

Pulisci la tua friggitrice dopo l'uso. Le parti mobili sono generalmente asportabili e lavabili, spesso anche in lavastoviglie.
Fai attenzione a non graffiare le pareti interne, antiaderenti, pulendole con una spugna troppo abrasiva.

COLAZIONI

TORTA DI MELE, COCCO E YOGURT GRECO

INGREDIENTI

150 g farina 00
Lievito per dolci (7 g)
2 mele (300 g)
150 g yogurt greco
45 g cocco grattugiato
100 g zucchero di canna
100 ml latte
70 g olio di cocco
2 uova medie
Succo e buccia grattugiata di ½ limone

PROCEDIMENTO

Preriscaldare la friggitrice ad aria a 160°. Sbucciare e tagliare a fettine le mele. Nel frattempo, mescolare tutti gli altri ingredienti in una ciotola. Dopo aver rivestito una tortiera con carta da forno, versare il composto e distribuire le fettine di mele sulla sua superficie. Distribuire parte dello zucchero sulle mele e cuocere per 25 minuti circa. Servire a fette. Conservare per 3-4 giorni in frigo in un contenitore di plastica chiuso, oppure congelare.

Kcal 237 | C 20,4 g | P 6 g | G 14,5 g

8 porz.
10 min
25 min
180°

GIRELLE ALLA MARMELLATA CON SCAGLIE DI MANDORLE

INGREDIENTI

120 g marmellata di fragole
Pasta sfoglia rettangolare (1 rotolo)
50 g scaglie di mandorle
Zucchero a velo q.b.

PROCEDIMENTO

Distribuire un sottile strato di marmellata sulla pasta sfoglia srotolata e distribuire le scaglie di mandorle sopra. Arrotolare su se stesso il rotolo dal lato più lungo. Con un coltello a lama sottile ricavare 8 girelle dello spessore di circa un centimetro. Posiziona le girelle su carta da forno e cuocile in friggitrice ad aria a 200° per 20 minuti, girandole a metà cottura. Dopo averle lasciate intiepidire, servi con una spolverata di zucchero a velo. Si conservano per 3-4 giorni in frigo in un contenitore di plastica chiuso.

Kcal 162 | C 18,2 g | P 3,4 g | G 7,6 g

8 porz.
10 min
20 min
200°

CIAMBELLA BICOLOR

INGREDIENTI

250 g farina 00
30 g cacao amaro
180 g latte intero
160 g zucchero
3 uova medie
100 g olio di semi di girasole
Lievito per dolci (1 bustina)

PROCEDIMENTO

Mettere le uova e lo zucchero in una ciotola e frullare con le fruste elettriche fino a ottenere un composto spumoso. Aggiungere il latte e l'olio, continuando a frullare. Aggiungere la farina e il lievito setacciati e mescolare con una spatola. Dividere l'impasto in due parti uguali ed aggiungere il cacao amaro ad una di esse. Mescolare con delicatezza. Imburrare e infarinare uno stampo per ciambella e versare prima l'impasto bianco, poi quello al cacao. Cuocere in friggitrice ad aria a 180° per 30 minuti, controllando la cottura con la prova dello stecchino prima di sfornare.
Lasciar raffreddare prima di servire. Conservare in una tortiera per massimo 3-4 giorni.

Kcal 343 | C 44 g | P 7,5 g | G 15,4 g

8 porz.
12 min
30 min
180°

TORTA IN TAZZA AL CIOCCOLATO FONDENTE E BURRO D'ARACHIDI

INGREDIENTI

50 g farina 00
Un pizzico di sale
50 g cioccolato fondente 70%
20 g zucchero
1 uovo medio
10 g olio di semi di girasole
10 g cacao amaro
60 g latte intero
20 g burro d'arachidi
Un pizzico di lievito per dolci
Zucchero a velo q.b.

PROCEDIMENTO

In una tazza, unire la farina, lo zucchero, il lievito, il cacao e il sale. In un'altra tazza, mettere l'olio e il cioccolato e passarli in friggitrice ad aria a 150° per 5 minuti fino a che il cioccolato sarà sciolto. Mescolare e versare nella miscela di ingredienti secchi. Aggiungere il latte e l'uovo, quindi mescolare il tutto e dividere il composto in due tazze. Posizionare il burro d'arachidi al centro di ogni tazza con un cucchiaino e cuocere in friggitrice ad aria a 160° per 30 minuti. Lasciar raffreddare e decorare con zucchero a velo prima di servire.

Kcal 440 | C 41,1 g | P 13,2 g | G 24,3 g

2 porz.
12 min
30 min
160

TRECCIA DI PANBRIOCHE ALLA CREMA DI NOCCIOLE E CACAO

12 porz.

20 min + 3h lievitazione

30 min

160°

INGREDIENTI

- 200 g farina 00
- 200 g farina manitoba
- 5 g sale fino
- 10 g lievito di birra fresco
- 70 g zucchero
- 10 g miele d'acacia
- 60 g burro
- 200 ml latte intero
- 1 uovo grande
- 1 tuorlo d'uovo
- 5 g essenza di vaniglia
- 250 g crema alle nocciole e cacao

PROCEDIMENTO

Sciogliere il burro e lo zucchero in 150 ml di latte tiepido. Sciogliere il lievito nel latte rimasto. Mettere la farina a fontana in una ciotola, versare il composto con latte e lievito al centro ed iniziare ad impastare. Aggiungere il composto con burro, zucchero e latte, l'essenza di vaniglia, l'uovo, il tuorlo, il miele ed impastare nuovamente. Aggiungere il sale ed impastare fino ad ottenere un impasto liscio ed omogeneo, saranno necessari dai 10 ai 15 minuti. Creare una palla con l'impasto, ungere una ciotola e metterla all'interno a lievitare per circa 2 ore, coperta con pellicola, nella friggitrice spenta.

Formare un rettangolo stendendo l'impasto su un piano infarinato, quindi distribuire uniformemente la crema alle nocciole e cacao con una spatola. Arrotolare su stesso dal lato più corto, coprire con una pellicola e lasciare riposare in frigo per circa mezz'ora. Tagliare il rotolo a metà nel senso della lunghezza, lasciando unita l'estremità più in alto. Intrecciare delicatamente sovrapponendo le due parti e chiudere l'estremità in basso. Mettere la treccia su carta da forno, coprire con una pellicola e lasciare lievitare per un'altra mezz'ora. Preriscaldare la friggitrice ad aria a 160° per 5 minuti. Spennellare la treccia col latte e cuocere per 25 minuti in friggitrice ad aria a 160°. Girarla e terminare la cottura dopo ulteriori 5 minuti. Far raffreddare e spolverare con zucchero a velo. Conservare in un sacchetto di plastica per un paio di giorni.

Kcal 313 | C 42,9 g | P 7 g | G 12,6 g

PANGOCCIOLOSI

14 porz.

20 min + 3h lievitazione

12 min

150°

INGREDIENTI

- 500 g farina 00
- 15 g lievito di birra fresco
- 30 g miele d'acacia
- 100 g acqua
- 120 g zucchero
- 1 uovo grande
- 150 g latte intero
- 130 g gocce di cioccolato
- 60 g olio di semi di girasole fondente
- 5 g essenza di vaniglia

PROCEDIMENTO

Mettere le gocce di cioccolato fondente in congelatore. Sciogliere miele e lievito nell'acqua tiepida, quindi aggiungere 100 g di farina e mescolare per bene.

Lasciar riposare per 15 minuti. Mettere l'impasto col lievito in una ciotola più grande o nella ciotola della planetaria. Aggiungere l'uovo, l'olio di semi, il latte tiepido, lo zucchero e l'essenza di vaniglia ed impastare.

Aggiungere il resto della farina un po' per volta ed impastare energicamente. Aggiungere anche le gocce di cioccolato ed impastare per circa 15 minuti fino ad ottenere un impasto omogeneo ed elastico. Formare una palla e lasciar lievitare l'impasto per un paio d'ore o fino a far raddoppiare di volume. Staccare 16 pezzetti dall'impasto e formare delle palline. Posizionarle su carta da forno e lasciarle lievitare per 30 minuti, coprendole con un panno. Preriscaldare la friggitrice ad aria a 150° per 5 minuti. Spennellare i pangocciolosi col latte e cuocerli in friggitrice ad aria, senza sovrapporli, a 150° per 12 minuti, cambiando lato gli ultimi 2 minuti. Servire. Conservare in un sacchetto di plastica per un paio di giorni.

Kcal 257 | C 41,9 g | P 5,1 g | G 7,5 g

CIAMBELLONE ALLA PANNA E MANDORLA

INGREDIENTI

60 g farina di mandorle
140 g farina 00
120 g zucchero di canna
2 uova grandi
60 g mandorle
120 g panna fresca
Lievito per dolci (1 bustina)
Zucchero a velo q.b.

PROCEDIMENTO

In una ciotola, mettere le uova e lo zucchero, poi montare il composto con le fruste elettriche fino a ottenere una consistenza spumosa. Aggiungere la panna e continuare a frullare. Aggiungere la farina di mandorle, la farina 00 setacciata, il lievito e frullare il tutto a bassa potenza. Tritare le mandorle in modo grossolano. Imburrare e infarinare uno stampo per ciambella, poi versare l'impasto all'interno. Distribuire sulla superficie le mandorle tritate. Preriscaldare la friggitrice ad aria a 160° per 3 minuti. Cuocere in friggitrice ad aria a 160° per 20 minuti. Cospargere di zucchero a velo una volta fredda. Conservare in una tortiera per 3-4 giorni.

Kcal 218 | C 24,8 g | P 5,5 g | G 10,4 g

10 porz.
10 min
20 min
160°

FRENCH TOAST RIPIENO DI BURRO D'ARACHIDI E LAMPONI

INGREDIENTI

140 g pan brioche (6 fette)
20 g zucchero semolato
1 uovo
50 g lamponi freschi
30 g burro d'arachidi 100%
25 g latte intero
10 g burro
Zucchero a velo q.b.
Cannella a piacere

PROCEDIMENTO

Mettere l'uovo e il latte in una ciotola, aggiungere un pizzico di cannella e sbattere il tutto con una forchetta. Tagliare i bordi delle fette di pan brioche e renderle più sottili con il mattarello. Distribuire il burro d'arachidi e i lamponi tagliati a metà su 3 fette e coprire ognuna, con le altre 3. Dividere ogni panino a metà. Immergere i panini nel composto di uova e porli su carta da forno. Spennellare i panini con il burro fuso. Cuocere in friggitrice ad aria a 200° per 5 minuti, girandoli dall'altro lato a metà cottura. Servire caldi c spolverizzandoli con dello zucchero a velo. Consumare subito.

Kcal 467 | C 46,2 g | P 15,3 g | G 24 g

2 porz.
10 min
5 min
200°

TORTA DI RICOTTA, FICHI, NOCI E GOCCE DI FONDENTE

INGREDIENTI

200 g farina 00
50 g miele d'acacia
150 g zucchero
50 g gocce di cioccolato fondente
250 g ricotta
500 g fichi freschi
3 uova medie
50 g noci
Lievito per dolci (1 bustina)

PROCEDIMENTO

In una ciotola, mettere le uova e lo zucchero, poi frullare il tutto fino ad ottenere un composto spumoso. Aggiungere la ricotta e mescolare. Aggiungere anche il lievito e la farina setacciati e amalgamarli al resto. Sbucciare i fichi e tagliarli a cubetti. Tritare grossolanamente le noci. Aggiungerli insieme al miele e alle gocce di cioccolato, al resto dell'impasto e mescolare delicatamente. Imburrare e infarinare una tortiera e versarci all'interno l'impasto. Livellare con una spatola e preriscaldare la friggitrice ad aria a 160° per 3 minuti. Cuocere per 35 minuti a 160°. Servire a temperatura ambiente. Conservare in una tortiera per massimo 3-4 giorni.

Kcal 296 | C 48 g | P 7,7 g | G 8,8 g

10 porz.
15 min
35 min
160°

TORTA MORBIDA AL COCCO

INGREDIENTI

140 g olio di semi di mais
170 g farina 00
3 uova medie
100 g cocco grattugiato
150 g zucchero
10 g zucchero a velo
250 g yogurt al cocco
Lievito per dolci (1 bustina)
Aroma di vaniglia

PROCEDIMENTO

In una ciotola, mettere le uova e lo zucchero, poi montare il composto con le fruste elettriche. Aggiungere lo yogurt, l'aroma di vaniglia e l'olio e mescolare delicatamente. Unire 100 g di cocco grattugiato, la farina 00, il lievito e mescolare. Imburrare e infarinare una tortiera e versarci all'interno l'impasto. Preriscaldare la friggitrice ad aria a 160 per un paio di minuti. Cuocere a 160° per 40 minuti e altri 10 minuti a 150°. Lasciare raffreddare la torta, poi spolverare con dello zucchero a velo e il cocco grattugiato rimasto. Conservare in una tortiera per massimo 4-5 giorni.

Kcal 319 | C 34,8 g | P 6 g | G 17,6 g

10 porz.
10 min
50 min
160° + 150°

CIAMBELLINE PROFUMATE ALLA VANIGLIA

INGREDIENTI

2 uova medie
160 g farina 00
20 g olio di semi di girasole
100 g zucchero
60 g latte intero
150 g yogurt alla vaniglia
40 g burro
Buccia grattugiata di un'arancia
Lievito per dolci (1 bustina)
Aroma alla vaniglia

PROCEDIMENTO

Sciogliere il burro nel microonde o a bagnomaria. Mettere in una ciotola lo zucchero, le uova, lo yogurt e montare il composto con le fruste elettriche. Aggiungere l'olio e il burro e amalgamarli nell'impasto. Aggiungere la buccia d'arancia grattugiata, l'aroma di vaniglia e continuare a frullare. Setacciare il lievito con la farina e mescolare. Versare l'impasto in stampi per ciambelline fino a 2/3 dell'altezza. Cuocere in friggitrice ad aria preriscaldata per 10 minuti a 160°. Servire a temperatura ambiente. Conservare in una tortiera 3-4 giorni.

6 porz.
10 min
10 min
160°

Kcal 293 | C 40,7 g | P 6,4 g | G 11,9 g

TORTA AL CAFFÈ, CIOCCOLATO E GRANELLA DI NOCCIOLE

INGREDIENTI

30 g cacao amaro
200 g farina 00
150 g cioccolato fondente
70 g olio di semi
170 g zucchero
100 ml caffè (es. della moka)
100 g latte intero
Lievito per dolci (1 bustina)

PROCEDIMENTO

Fondere il cioccolato a bagnomaria. In una ciotola, unire caffè, latte, olio di semi, zucchero e cioccolato fondente fuso, poi mescolare con una forchetta.Aggiungere, setacciandoli, anche tutti gli altri ingredienti secchi e successivamente la granella di nocciole. Versare l'impasto in una tortiera foderata con carta da forno e cuocere in friggitrice ad aria per 40 minuti a 160°, avendo cura di controllare la cottura con uno stecchino prima di sfornare. Conservare la torta in una tortiera chiusa per massimo 4-5 giorni.

10 porz.
12 min
40 min
160°

Kcal 336 | C 41,5 g | P 4,8 g | G 16,6 g

MINI PLUMCAKE ALLE MELE E CANNELLA

INGREDIENTI

250 g farina di grano duro
100 g olio di semi di girasole
2 uova medie
130 g latte intero
80 g zucchero
150 g mela
8 g lievito per dolci
Aroma di vaniglia q.b.
Cannella a piacere
Zucchero a velo q.b.

PROCEDIMENTO

In una ciotola, mettere le uova e lo zucchero, montare il tutto con le fruste elettriche. Aggiungere latte e olio a filo, mescolando. Grattugiare la mela tenendo da parte qualche spicchio sottile. per decorazione. Aggiungere la cannella, la vaniglia e la mela grattugiata e mescolare. Aggiungere infine il lievito e la farina e mescolare un'ultima volta. Versare l'impasto in stampi per mini plumcake; mettere una fettina di mela e una spolverata di cannella sulla superficie. Cuocere in friggitrice ad aria a 160° per 14 minuti.

Servire a temperatura ambiente spolverando con zucchero a velo. Conservare in un contenitore per massimo 4-5 giorni.

8 porz.

10 min

14 min

160°

Kcal 310 | C 34,1 g | P 6,8 g | G 16,7 g

BISCOTTI ALL'AVENA, BURRO D'ARACHIDI E BANANA

INGREDIENTI

180 g fiocchi d'avena
50 g gocce di cioccolato
150 g banana
70 g burro d'arachidi
40 g zucchero
1 uovo medio
Un pizzico di cannella

PROCEDIMENTO

Schiacciare la banana in una ciotola, fino a ridurla in purea. Aggiungere lo zucchero e l'uovo e mescolare. Aggiungere il burro d'arachidi, i fiocchi d'avena, la cannella e le gocce di cioccolato fondente e amalgamare all'impasto. Formare 8 biscotti e posizionarli sulla teglia della friggitrice foderata con carta da forno. Cuocere a 180° per 10 minuti o fino a quando non saranno dorati. Conservare in frigo in un contenitore ermetico e consumare entro 5 giorni.

8 porz.

7 min

10 min

180°

Kcal 210 | C 25,9 g | P 7,2 g | G 8,1 g

TORTA SOFFICISSIMA ALLA PANNA

INGREDIENTI

140 g zucchero semolato
250 g farina 00
3 uova medie
250 g panna fresca
Lievito per dolci (1 bustina)
Aroma di vaniglia

PROCEDIMENTO

Montare la panna. In una ciotola, unire lo zucchero, le uova e l'aroma di vaniglia. Montare il tutto fino ad ottenere un composto spumoso. Successivamente, aggiungere il lievito e la farina e amalgamare mescolando dal basso verso l'alto. Aggiungere anche la panna montata ed amalgamare al resto del composto sempre delicatamente. Versare il composto in una tortiera imburrata e infarinata, livellando con una spatola.

Cuocere in friggitrice ad aria a 160° per 40 minuti, controllando la cottura con uno stecchino. Conservare la torta in una tortiera chiusa per massimo 4-5 giorni.

8 porz.
10 min + 20 min riposo
20 min
160°

Kcal 310 | C 42,1 g | P 6,6 g | G 13,2 g

CROSTATA ALLA MARMELLATA

INGREDIENTI

1 tuorlo d'uovo
1 uovo grande
250 g farina 00
100 g marmellata di pesche
100 g zucchero
1 cucchiaino raso di lievito per dolci
100 g burro

PROCEDIMENTO

In una ciotola unire l'uovo, la farina, lo zucchero, il lievito e il burro a tocchetti. Impastare velocemente, fino ad ottenere un composto liscio. Formare una palla e coprire con pellicola. Far riposare 30 minuti in frigo. Stendere la pasta frolla su un piano infarinato aiutandosi con un mattarello, fino allo spessore di circa un centimetro. Rivestire con carta forno la base di una tortiera e appoggiarvi la pasta frolla, tenendone un ritaglio per i bordi e per le strisce decorative. Distribuire la marmellata sulla base. Ricavare delle strisce dalla pasta avanzata; e adagiarle sopra alla marmellata. Cuocere in friggitrice ad aria per 20 minuti a 180°. Rimuovere dallo stampo una volta raffreddata. Servire. Conservare la torta in una tortiera chiusa per massimo 4-5 giorni.

2 porz.
5 min + 30 min riposo
20 min
180°

Kcal 327 | C 32,6 g | P 3,3 g | G 9,4 g

FRENCH TOAST RIPIENO DI CREMA ALLA NOCCIOLA

INGREDIENTI

140 g pan brioche (6 fette)
1 uovo
20 g zucchero
25 g latte intero
40 g crema spalmabile alle nocciole e cacao
10 g burro
Aroma di vaniglia
Cannella a piacere

PROCEDIMENTO

In una ciotola, mettere l'uovo, il latte, l'aroma di vaniglia e un pizzico di cannella, poi sbattere il tutto con una forchetta. Tagliare i bordi delle fette di pan brioche e renderle più sottili con il mattarello. Distribuire la crema spalmabile sulla superfice di 3 fette e coprire ognuna, con le altre 3. Tagliare a metà ogni panino. Intingere i panini nel composto di uova e posizionarli su carta da forno. Sciogliere il burro e spennellarvi i panini. Cuocere in friggitrice ad aria a 200° per 5 minuti, girandoli dall'altro lato dopo 3 minuti. Servire subito con zucchero a velo o cacao amaro.

2 porz.
10 min
5 min
200°

Kcal 471 | C 55 g | P 11,4 g | G 22,4 g

TORTA INTEGRALE ALLE ALBICOCCHE

INGREDIENTI

70 g farina di farro
110 g farina integrale
2 uova medie
120 g zucchero
4 albicocche mature
160 g yogurt greco
60 g olio di semi di girasole
40 g mandorle
Lievito per dolci (1 bustina)
Un pizzico di sale

PROCEDIMENTO

In una ciotola, mettere le uova e lo zucchero, poi frullare il tutto con le fruste elettriche fino a ottenere un composto spumoso.Aggiungere lo yogurt greco e l'olio, continuando a frullare. Aggiungere gli ingredienti secchi setacciati e mescolare con delicatezza dal basso verso l'alto. Tagliare a cubetti 3 albicocche e a fettine l'altra albicocca; mettere da parte quest'ultima. Unire all'impasto le albicocche a cubetti, sempre delicatamente. Foderare con carta forno una tortiera e versarci l'impasto. Preriscaldare la friggitrice ad aria a 160°. Tagliare grossolanamente le mandorle per il lungo. Distribuire sulla superficie della torta l'albicocca rimasta e le scaglie di mandorle. Cuocere per 35/40 minuti a 160°. Conservare la torta in una tortiera chiusa per massimo 4-5 giorni.

6 porz.
12 min
40 min
160°

Kcal 352 | C 41,2 g | P 9,9 g | G 15,8 g

BISCOTTINI AL CAFFÈ CON GRANELLA DI MANDORLE

INGREDIENTI

2 tuorli d'uovo
300 g farina 00
5 g cacao amaro
100 g zucchero di canna
10 g caffè solubile
150 g burro a temperatura ambiente
50 g granella di mandorle
Un pizzico di lievito per dolci

PROCEDIMENTO

Mettere il burro in una ciotola con lo zucchero e montare con le fruste elettriche. Aggiungere i tuorli, il cacao amaro e il caffè solubile e frullare ancora. Aggiungere anche la granella di mandorle, la farina e il lievito setacciati mescolando fino ad ottenere un composto liscio ed omogeneo. Avvolgere l'impasto con la pellicola e lasciar riposare per 30 minuti in frigo. Dare la forma desiderata ai biscotti e cuocere in friggitrice ad aria a 180° per 10 minuti, senza sovrapporli. Far raffreddare prima di servire. Si conservano in un contenitore ermetico per 10 giorni.

20 porz.
10 min + 30 min riposo
10 min
180°

Kcal 150 | C 16,4 g | P 2,4 g | G 8,4 g

BISCOTTI INZUPPOSI CON GOCCE DI CIOCCOLATO

INGREDIENTI

1 uovo medio
1 tuorlo d'uovo
300 g farina 00
70 g olio di semi di girasole
80 g zucchero
40 g latte intero
50 g gocce di cioccolato fondente
Aroma di vaniglia
1 cucchiaino di lievito per dolci

PROCEDIMENTO

Mettere in una ciotola l'uovo, il tuorlo, lo zucchero, il latte, l'olio di semi, l'aroma di vaniglia e il lievito e mescolare il tutto. Aggiungere la farina poco per volta, impastando a mano a mano, fino ad ottenere un impasto omogeneo e morbido. Dare la forma di filoncini e posizionarli su carta da forno, distanziati tra loro.
Cuocere in friggitrice ad aria a 180° per 7 minuti; girarli e cuocerli ancora per 3 minuti. Si conservano in un contenitore ermetico per 15 giorni circa.

14 porz.
10 min
10 min
180°

Kcal 170 | C 23,7 g | P 3,2 g | G 7 g

CEREALI SOFFIATI AL CIOCCOLATO FONDENTE

INGREDIENTI

50 g farro soffiato
50 g riso soffiato
200 g cioccolato fondente 70%
10 g miele
2 cucchiai d'acqua calda

PROCEDIMENTO

Fondere il cioccolato a bagnomaria. Unire riso soffiato e farro. Aggiungere tutti gli ingredienti e mescolare. Distribuire su carta da forno, separandoli un po' e cuocere per 8 minuti in friggitrice ad aria a 170°, scuotendo il cestello a metà cottura. Conservare in un contenitore ermetico e consumare preferibilmente entro 6-7 giorni.

6 porz.
10 min
8 min
170°

Kcal 250 (circa 50 g) | C 31,9 g | P 3,9 g | G 11,3 g

MUESLI DI FRUTTA SECCA AL CIOCCOLATO

INGREDIENTI

50 g fiocchi d'avena
25 g fiocchi di mais
1 pizzico di cannella
25 g uvetta
25 g nocciole
25 g pistacchi
25 g mandorle
25 g noci
25 g bacche di Goji
25 g miele
25 g gocce di cioccolato
15 g semi di girasole
30 g acqua
15 g olio di semi di girasole
1 pizzico di sale

PROCEDIMENTO

Tritare grossolanamente la frutta secca e metterli in una ciotola con i fiocchi d'avena, i fiocchi di mais, i semi di girasole e il pizzico di sale. Sciogliere a bagnomaria il miele con l'acqua, l'olio la cannella e mescolare. Aggiungere il composto alla ciotola con la frutta secca e mescolare per bene e distribuirlo nel cestello o sulla leccarda della friggitrice, compattandolo un po'. Cuocere in friggitrice ad aria a 160° per 20 minuti, scuotendo ogni 5 minuti il cestello. Lasciar raffreddare ed aggiungere il resto degli ingredienti. Servire. Conservare in un barattolo di vetro a chiusura ermetica per circa un mese.

6 porz.
15 min
20 min
160°

Kcal 250 (circa 51 g) | C 21,6 g | P 5,4 g | G 15,6 g

MUFFIN VEGANI AL CIOCCOLATO

12 porz.

10 min

8 min

160°

INGREDIENTI

70 g zucchero
200 g farina 00
100 g cioccolato fondente
70 g latte di mandorla
70 g yogurt vegetale
50 g olio di semi di girasole
50 g cacao amaro
Lievito per dolci (1 bustina)

PROCEDIMENTO

Unire gli ingredienti secchi in una ciotola. Sciogliere il cioccolato fondente a bagnomaria oppure in microonde. Frullare latte, olio, yogurt vegetale e cioccolato fuso per qualche secondo e amalgamare la crema ottenuta agli ingredienti secchi. Mescolare fino ad ottenere un impasto omogeneo. Preriscaldare la friggitrice ad aria a 160°. Suddividere l'impasto in 10 pirottini, avendo cur di riempirli al massimo fino a metà. Cuocere per 15 minuti a 160°. Si conservano in un contenitore ermetico per massimo 3-4 giorni.

Kcal 250 | C 31,9 g | P 3,9 g | G 11,3 g

ROTOLINI ALLA CANNELLA

9 porz.

30 min + 3h riposo

8 min

180°

INGREDIENTI

300 g farina manitoba
6 g lievito di birra fresco
5 g olio di semi di girasole
1 uovo grande
70 g latte intero
70 g acqua
30 g burro
20 g zucchero
30 g miele
Un pizzico di sale
Essenza di vaniglia

PER IL RIPIENO

10 g farina 00
55 g zucchero
40 g burro
Cannella a piacere

PER LA GLASSA

35 g zucchero a velo
15 g acqua

PROCEDIMENTO

Sciogliere il burro al microonde e mettere da parte. Inserire nella planetaria metà della farina, il latte, l'acqua e il lievito sbriciolato. Azionare la frusta a foglia e impastare alla velocità minima. Unire anche il miele, l'essenza di vaniglia e continuare ad impastare fino ad amalgamare tutti gli ingredienti. Aggiungere l'uovo e lo zucchero, continuando ad impastare. Aggiungere due cucchiai di farina alla volta aspettando che i precedenti vengano completamente assorbiti dall'impasto. Unire anche il burro fuso e il sale. Alzare la velocità della planetaria.

Non appena l'impasto rimane incordato alla frusta, mettere il gancio per impastare e procedere per 10 minuti a velocità media. Formare una palla e metterla in una ciotola unta oliata. Ungere anche la superficie dell'impasto. Coprire la ciotola e far lievitare l'impasto in friggitrice ad aria spenta per 2 ore o fino a quando non sarà raddoppiato di volume. Nel frattempo preparare il ripieno. Spezzettare il burro, unire zucchero, farina e cannella e lavorare con una forchetta. Mettere in frigo. Versare l'impasto ormai lievitato su un piano di lavoro e stenderlo fino a formare un rettangolo di circa 25x30 centimetri. Distribuire uniformemente il ripieno su tutta la superficie. Arrotolare su se stesso dal lato lungo fino a formare un grande rotolo e tagliarlo in 9 parti uguali.

Distribuire le girelle su carta da forno imburrato, distanziandole bene fra loro. Coprire con pellicola trasparente e lasciar lievitare ulteriormente per un'ora. Preriscaldare la friggitrice ad aria a 180° per 5 minuti. Spennellare col burro sciolto le girelle e cuocere a 180° per 8 minuti; cambiare lato e cuocere per altri 2 minuti. Nel frattempo, sciogliere nell'acqua lo zucchero a velo formando la glassa. Servire i rotolini guarniti con la glassa. Si conservano in un contenitore chiuso per 4-5 giorni .

Kcal 262 | C 39,3 g | P 6,4 g | G 8,9 g

PLUMCAKE DI MELE E NOCI

INGREDIENTI

150 g mela
150 g farina 00
50 g noci tritate
100 g latte parzialmente scremato
1 uovo medio
50 g burro
50 g zucchero
Lievito per dolci (1 bustina)
Essenza di vaniglia
1 pizzico di sale
Zucchero a velo q.b.

PROCEDIMENTO

Sbattere l'uovo con lo zucchero. Fondere il burro nel microonde e metterlo da parte. Aggiungere tutti gli altri ingredienti, ad eccezione della mela, che va tagliata a fettine sottili. Ricoprire con carta forno uno stampo per plumcake e trasferire l'impasto. Distribuire le fettine di mela. Preriscaldare la friggitrice ad aria a 150° e cuocere per 35 minuti. Servire a temperatura ambiente spolverando con zucchero a velo. Conservare in una tortiera chiusa per massimo 4-5 giorni.

Kcal 237 | C 20,4 g | P 6 g | G 14,5 g

6 porz.
10 min
25 min
150°

TORTA DI PERE E CIOCCOLATO

INGREDIENTI

100 g gocce di cioccolato
250 g farina 00
150 g zucchero di canna grezzo
70 g olio di semi di girasole
2 uova medie
120 ml latte intero
3 pere (300 g)
Lievito per dolci (1 bustina)
Succo e scorza grattuggiata di un limone
Essenza di vaniglia
Cacao amaro q.b.

PROCEDIMENTO

Mescolare gli ingredienti secchi in una ciotola. In un'altra ciotola, aggiungere tutti gli altri ingredienti, ad eccezione delle pere e mescolare con una frusta. Sbucciare due pere e tagliarle a dadini; tagliare a fettine la terza. Immergerle nel succo di limone. Aggiungere gli ingredienti secchi ai liquidi, frullando con la frusta, fino ad ottenere un composto senza grumi. Unire 80 g di gocce di cioccolato, le pere a dadini e mescolare. Imburrare e infarinare una tortiera e versarvi il composto. Adagiare le fettine di pera sulla superficie ed ultimare con le gocce di cioccolato fondente. Preriscaldare la friggitrice ad aria a 160° per 3 minuti. Cuocere a 180° per 35 minuti. Conservare in una tortiera chiusa per 4-5 giorni.

Kcal 294 | C 41,8 g | P 5,1 g | G 11,9 g

10 porz.
10 min
35 min
180°

TORTA DI CAROTE E MANDORLE

INGREDIENTI

40 g mandorle in scaglie
250 g farina 00
80 g zucchero
300 g carote
100 g olio di semi di girasole
2 uova medie
Lievito per dolci (1 bustina)

PROCEDIMENTO

Grattugiare le carote. Montare le uova con lo zucchero. Aggiungere l'olio e montare ancora. Aggiungere le carote grattugiate e mescolare delicatamente. Aggiungere anche la farina e il lievito e amalgamare. Preriscaldare la friggitrice ad aria a 160°. Imburarre e infarinare una tortiera e versarvi il composto. Cospargere con le scaglie di mandorle. Cuocere in friggitrice ad aria per 25 minuti. Conservare la torta in una tortiera chiusa per massimo 4-5 giorni.

10 porz.
10 min
25 min
160°

Kcal 253 | C 28,6 g | P 5,2 g | G 13 g

MUFFIN CIOCCOLATOSI ALL'ARANCIA

INGREDIENTI

2 uova medie
160 g farina 00
50 g olio di semi di girasole
100 g zucchero
50 g latte intero
1 arancia medio/grande
60 g gocce di cioccolato fondente
Lievito per dolci (1 bustina)

PROCEDIMENTO

Con le fruste elettriche frullare le uova con lo zucchero, fino ad ottenere un composto spumoso. Aggiungere l'olio, la buccia grattugiata e il succo dell'arancia e mescolare. Unire latte, lievito e farina mescolando fino ad ottenere un composto omogeneo. Aggiungere, infine, le gocce di cioccolato fondente, tenendone un po' da parte. Riempire 6 pirottini in silicone per metà e distribuire le gocce rimaste sulla superficie dei muffin. Preriscaldare la friggitrice ad aria a 160°. Cuocere per circa 15-18 minuti. Conservare in un contenitore ermetico per massimo 3-4 giorni.

6 porz.
10 min
15 min
160°

Kcal 309 | C 42,1 g | P 6 g | G 13,1 g

BISCOTTONI RUSTICI

INGREDIENTI

300 g farina di grano duro
80 g latte
1 uovo medio
50 g fecola di patate
50 g olio di semi di girasole
Un pizzico di cannella
Lievito per dolci (1 bustina)
1 tuorlo d'uovo
120 g zucchero grezzo di canna
Scorza grattugiata di 1 limone
Aroma di vaniglia
Un pizzico di sale

PROCEDIMENTO

Amalgamare l'uovo con lo zucchero tenendone un cucchiaio da parte, 50 g di latte, l'olio, la cannella, il sale, l'aroma di vaniglia e la scorza grattugiata del limone. Unire farina, fecola e lievito e mescolare. Formare dei cordoni e tagliarli, creando dei biscottoni dalla forma allungata. Unire il tuorlo d'uovo con i 30 g di latte rimasti e mescolare. Spennellare la superficie di ogni biscotto con il tuorlo precedentemente preparato e spolverare con il restante zucchero. Cuocere in friggitrice ad aria per 10 minuti a 180°, girandoli a metà cottura. Si conservano in una scatola di latta o di vetro per 15 giorni circa.

16 porz.
12 min
10 min
180°

Kcal 142 | C 22,6 g | P 3,4 g | G 4,1 g

CIAMBELLONE ALL'ARANCIA E CIOCCOLATO BIANCO

INGREDIENTI

100 g zucchero
250 g farina 00
50 g marmellata di arancia
Lievito per dolci (1 bustina)
3 uova medie
120 g olio di semi di girasole
100 g cioccolato bianco
2 arance

PROCEDIMENTO

Sciogliere il cioccolato a bagnomaria e mettere da parte. Montare le uova con lo zucchero, poi aggiungere l'olio di girasole, il succo e la scorza delle arance e frullare ancora. Aggiungere anche la marmellata di arance, il cioccolato fuso intiepidito e mescolare. Unire lievito e farina. Mescolare delicatamente. Preriscaldare la friggitrice ad aria a 160°.
Inserire il composto in uno stampo per ciambella imburrato ed infarinato; cuocere per 25 minuti. Farla raffreddare leggermente ed ultimare la cottura dall'altro lato, rovesciando il ciambellone su una teglia per altri 7 minuti, sempre a 160°. Far raffreddare prima di servire a fette. Conservare in una tortiera per massimo 3-4- giorni.

10 porz.
15 min
35 min
160°

Kcal 328 | C 37,3 g | P 5,5 g | G 17,8 g

ANTIPASTI

CROSTINI CON SCAMORZA, PORCINI E NOCI

INGREDIENTI

50 g fette di pane in cassetta integrale o bianco
30 g scamorza affumicata
40 g porcini sott'olio
30 g noci
5 g olio extravergine d'oliva
Prezzemolo tritato
1 spicchio d'aglio
Rosmarino secco
Sale e pepe q. b.

PROCEDIMENTO

Spruzzare le fette di pane con l'olio d'oliva, sfregare l'aglio e distribuire il rosmarino, sale e pepe. Tagliare in 4 parti le fette di pane. Mettere i crostini in friggitrice ad aria su carta da forno e rendere croccanti per 3 minuti per lato a 180°. Nel frattempo, grattugiare la scamorza e tritare le noci. Distribuire la scamorza, i porcini e le noci sui crostini e far andare ancora per un altro minuto in friggitrice ad aria, sempre a 180°. Servire con una sparpagliata di prezzemolo.

Kcal 253 | C 10,7 g | P 9,1 g | G 18,4 g

2 porz.
5 min
7 min
180°

BRUSCHETTE CARCIOFI, BRIE E MENTA

INGREDIENTI

200 g pane casereccio (4 fette)
100 g brie
140 g carciofini sott'olio
10 g olio extravergine d'oliva
1 spicchio d'aglio
1 pizzico di origano
Menta fresca
Sale e pepe q.b.

PROCEDIMENTO

Tagliare a fette il pane. Tagliare a metà l'aglio e strofinarlo sulle fette di pane. Spennellare l'olio d'oliva sulle fette. Scolare e tagliare a fettine sottili i carciofini e a fette il brie. Distribuire i carciofini sulle fette, aggiungere la menta fresca spezzettata, un pizzico di origano, sale, pepe ed adagiare sopra il brie. Cuocere in friggitrice ad aria a 180° per 8 minuti. Servire subito.

Kcal 245 | C 20,8 g | P 7 g | G 13,7 g

4 porz.
5 min
8 min
180°

CHIPS DI PASTA

INGREDIENTI

200 g pasta
40 g grana grattugiato
20 g olio extravergine d'oliva
Paprika dolce
Aglio in polvere
Rosmarino in polvere
Sale q.b.

PROCEDIMENTO

Cuocere la pasta e scolarla a metà cottura; sciacquarla sotto l'acqua fredda. Metterla in una ciotola e unire tutti gli altri ingredienti. Mescolare per bene e distribuire sul cestello della friggitrice. Cuocere la pasta a 200° per 10 minuti o fino a raggiungere la croccantezza desiderata, mescolando di tanto in tanto. Il tempo di cottura dipenderà dal tipo di pasta utilizzata. Servire subito. Conservare in un sacchettino di plastica chiuso per massimo 2 giorni.

Kcal 176 | C 23,7 g | P 6,3 g | G 5,5 g

6 porz.
5 min
20 min
200°

WURSTEL IN CAMICIA

INGREDIENTI

1 rotolo di pasta sfoglia rettangolare (230 g)
4 wurstel (330 g circa)
1 tuorlo d'uovo grande
20 g semi misti
Rosmarino secco
Paprika piccante
Sale e pepe q. b.

PROCEDIMENTO

Srotolare la pasta sfoglia. Mettere ogni wurstel sulla pasta sfoglia e arrotolare fino a coprirlo completamente. Rimuovere la pasta in eccesso sulle estremità e richiudere. Ripetere il procedimento con gli altri wurstel. Mettere il tuorlo in una tazzina con sale, pepe, paprika piccante, rosmarino secco e sbattere con una forchetta. Spennellare la pasta sfoglia con il tuorlo, distribuire i semi misti e mettere i bocconcini su carta da forno. Tagliare a metà ogni bocconcino. Preriscaldare la friggitrice ad aria a 180° per 5 minuti. Cuocere in friggitrice ad aria a 180° per 15 minuti, cambiando lato a metà cottura. Servire caldi. Conservare in frigo per massimo 2 giorni in un contenitore chiuso.

8 porz.
5 min
15 min
180°

Kcal 195 | C 14 g | P 8,6 g | G 11 g

GRISSINI SFIZIOSI VARIEGATI

INGREDIENTI

1 rotolo di pasta sfoglia rettangolare
10 g concentrato di pomodoro
20 g pesto alla genovese
20 g pesto rosso
1 tuorlo d'uovo
5 g olio extravergine d'oliva
20 g semi di sesamo bianchi e neri
Un pizzico di origano
Un pizzico di sale

PROCEDIMENTO

Mettere il concentrato di pomodoro in una ciotolina ed aggiungere l'olio, un goccino d'acqua, l'origano, un pizzico di sale e mescolare. Srotolare la pasta sfoglia su un piano di lavoro e tagliarla a striscioline di 2,5 cm circa. Spennellare 4 strisce con il concentrato di pomodoro, 4 strisce con il pesto alla genovese, 4 con il pesto rosso. Arrotolare su se stesse le strisce fino a formare un grissino arrotolato. Spennellare con il tuorlo precedentemente sbattuto con un pizzico di sale e distribuire i semini di sesamo. Cuocere in friggitrice ad aria su carta da forno a 180° per 6 minuti, girandoli a metà cottura. Servire una volta intiepiditi. Conservare in un sacchetto di carta per massimo 2 giorni.

12 porz.
7 min
6 min
180°

Kcal 100 | C 8,9 g | P 2 g | G 5,9 g

CUBOTTI DI POLENTA CON MONTE VERONESE E TARTUFO

INGREDIENTI

200 g polenta pronta
30 g tartufo nero
100 g monte veronese
15 g olio extravergine d'oliva
Sale e pepe q.b.

PROCEDIMENTO

Tagliare a cubotti la polenta. Mettere in una ciotola con l'olio, sale e pepe e mescolare delicatamente. Mettere i cubotti di polenta su carta da forno e rendere croccante in friggitrice ad aria a 200° per 20 minuti, girandoli a metà cottura. Nel frattempo, tagliare a pezzetti il monte veronese e metterlo direttamente sopra i cubotti di polenta e far andare in friggitrice ad aria per ancora 1-2 minuti. Servire con il tartufo grattugiato sopra.

4 porz.
5 min
7 min
200°

Kcal 180 | C 11,3 g | P 7 g | G 11,7 g

BRUSCHETTE MEDITERRANEE

INGREDIENTI

200 g pane casereccio (4 fette)
300 g pomodorini
60 g cipolla rossa di Tropea
10 g olive nere
15 g olio extravergine d'oliva
10 g capperi sotto sale
1 spicchio d'aglio
1 pizzico di origano
Basilico fresco
Sale e pepe q.b.

PROCEDIMENTO

Tagliare a fette il pane. Tagliare a metà l'aglio e strofinarlo sulle fette di pane. Spennellare l'olio d'oliva sulle fette. Tagliare a fettine sottili la cipolla, a spicchi le olive nere e i pomodorini, e sminuzzare il basilico; unire il tutto in una ciotolina. Aggiungere i capperi, l'origano, sale, pepe ed un filo d'olio e mescolare per bene. Distribuire il composto sulle fette di pane e cuocere in friggitrice ad aria a 180° per 8 minuti. Servire subito.

2 porz.
5 min
8 min
180°

Kcal 328 | C 47,2 g | P 5,5 g | G 11,2 g

FIORI DI ZUCCA "FRITTI"

INGREDIENTI

500 g fiori di zucca freschi
50 g pangrattato
50 g parmigiano grattugiato
20 g olio extravergine d'oliva
Sale e pepe q.b.

PROCEDIMENTO

Sciacquare i fiori di zucca delicatamente. Tamponare sempre delicatamente con carta assorbente. Mettere i fiori di zucca in una ciotola ed aggiungere olio, sale e pepe; mescolare bene. Aggiungere pangrattato, grana grattugiato e mescolare di nuovo. Distribuire su carta da forno i fiori di zucca e cuocere a 200° per 8 minuti, cambiando lato a metà cottura. Servire caldi.

4 porz.
5 min
8 min
200°

Kcal 162 | C 12,6 g | P 6,3 g | G 10,2 g

FIORI DI ZUCCA RIPIENI IN CIALDA CROCCANTE

INGREDIENTI

300 g fiori di zucca
250 g ricotta
1 uovo grande
80 g provola affumicata
30 g parmigiano grattugiato
50 g prosciutto cotto
100 g pancetta affumicata
10 g olio extravergine d'oliva
Prezzemolo tritato
Erba cipollina tritata
Sale e pepe q.b.

PROCEDIMENTO

Lavare e pulire i fiori di zucca e metterli ad asciugare su un panno e tamponarli con carta assorbente. Sminuzzare il prosciutto cotto e la provola affumicata. Mettere in una ciotola la ricotta, il prosciutto, la provola, l'uovo, parmigiano grattugiato, spezie e mescolare. Farcire delicatamente i fiori di zucca con il composto precedentemente preparato, spennellarli con l'olio d'oliva e avvolgerli nella fettina di pancetta. Mettere i fiori di zucca su carta da forno e cuocere in friggitrice ad aria a 200° per 5 minuti per lato. Servire subito. Conservare in frigo per massimo un giorno.

Kcal 343 | C 3,7 g | P 22,3 g | G 26,1 g

4 porz.

10 min

20 min

200°

CESTINI DI PANE CON MOUSSE DI FUNGHI E PANCETTA CROCCANTE

INGREDIENTI

200 g pane per tramezzini (4 fette)
150 g besciamella
150 g funghi misti sott'olio trifolati
10 g olio extravergine d'oliva
40 g pancetta affumicata a cubetti
Paprika piccante
Prezzemolo tritato
Aglio in polvere
Rosmarino in polvere
Sale q.b.

PROCEDIMENTO

Appiattire le fette di pane con il mattarello e spruzzarle con l'olio da entrambi i lati. Adagiare le fettine all'interno di stampi per muffin e modellare con le dita, distribuendo su tutto il contorno; cuocere in friggitrice ad aria per 5 minuti a 200°. Nel frattempo, mettere in un bicchiere lungo la besciamella, i funghi sgocciolati e frullare per un paio di minuti. Aggiungere le spezie e mescolare. Rendere croccante la pancetta mettendola in friggitrice ad aria a 180° per 3 minuti. Mettere la mousse di funghi in una sac à poche, oppure utilizzare un cucchiaio e farcire i cestini di pane. Distribuire la pancetta croccante e decorare con prezzemolo tritato. Servire e consumare subito. La mousse ai funghi può essere conservata in un contenitore chiuso per massimo 3 giorni.

Kcal 269 | C 31,5 g | P 7,9 g | G 13 g

4 porz.

10 min

10 min

180°

BISCOTTINI SALATI CON MOUSSE AL PROSCIUTTO CRUDO

4 porz.

5 min

8 min

180°

INGREDIENTI

PER I BISCOTTINI SALATI

100 g farina 00
100 g burro
100 g parmigiano grattugiato
1 uovo
25 g nocciole tritate
Sale e pepe q.b.

PER LA MOUSSE AL PROSCIUTTO CRUDO

100 g prosciutto crudo
100 g panna fresca
50 g burro
2 cucchiai di brodo di carne
3 g gelatina in fogli
1 cucchiaio di timo fresco

PROCEDIMENTO

Per i biscottini salati, ammorbidire il burro in microonde 30 secondi oppure mantenerlo a temperatura ambiente mezz'ora prima. Unire tutti gli ingredienti, impastando velocemente. Formare una palla, chiuderla con pellicola e farla riposare in frigo 20 minuti. Nel frattempo, immergere in acqua fredda i fogli di gelatina. Mettere nel mixer il prosciutto crudo, il burro ammorbidito e il timo. Frullare fino ad ottenere un composto omogeneo. Scolare la gelatina e metterla in un pentolino con 2 cucchiai di brodo di carne. Accendere la fiamma e mescolare fino a quando la gelatina non si sarà completamente sciolta. Farla intiepidire ed aggiungere la panna ed un pizzico di sale, mescolando. Unire il composto di prosciutto crudo e mescolare un'ultima volta.

Mettere la crema in una sac à poche e far riposare in frigo. Prendere la pasta frolla dal frigo, stenderla e formare 12 biscottini. Disporre i biscottini su carta da forno e cuocerli in friggitrice ad aria per 10 minuti a 180°, girandoli a metà cottura. Far raffreddare i biscotti prima di servirli, accompagnati dalla mousse di prosciutto crudo. Conservare i biscotti in un contenitore di latta o di plastica chiuso e la mousse in frigo per massimo 3 giorni.

Kcal 228 | C 6,6 g | P 6,8 g | G 19,3 g

MINI CROISSANT SALATI FARCITI

12 porz.

13 min

15-20 min

180°

INGREDIENTI

1 rotolo di pasta sfoglia rettangolare (230 g)
40 g grana grattugiato
50 g pancetta affumicata a fette
50 g mozzarella grattugiata
50 g olive verdi e nere
15 g semi misti
1 tuorlo d'uovo
Rosmarino in polvere
Sale q.b.

PROCEDIMENTO

Srotolare la pasta sfoglia su un piano di lavoro. Cospargere la superficie di grana grattugiato e 15 g di semi misti. Tagliare 6 rettangoli di uguali dimensioni e una diagonale per ogni rettangolo, in modo da ricavare 12 triangoli. Tagliare a spicchi le olive. Farcire con le fettine di pancetta 4 mini croissant ed arrotolare su se stessi partendo dalla base. Ripetere lo stesso procedimento per 4 di quelli con le olive e 4 con la mozzarella grattugiata, mettendo il ripieno sulla base dei triangoli. Metterli su carta da forno, distanziati tra loro. Spennellare ogni mini croissant con il tuorlo e distribuire i semini rimasti. Preriscaldare la friggitrice ad aria a 200° per un paio di minuti e cuocere i mini croissant per 15-20 minuti a 180°, girandoli a metà cottura. Servire caldi. Conservare in frigo in un contenitore chiuso per un paio di giorni.

Kcal 127 | C 8,6 g | P 4,7 g | G 7,8 g

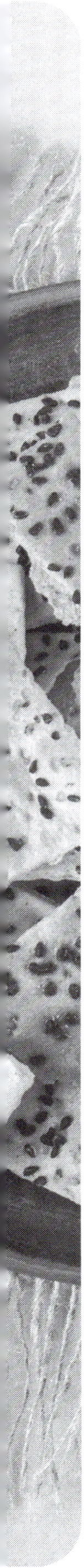

MINI CROISSANT FARCITI

CECI CROCCANTI

INGREDIENTI

240 g ceci in scatola
10 g olio extravergine d'oliva
1 cucchiaino di paprika dolce
½ cucchiaino di rosmarino secco
½ cucchiaino di curcuma
¼ di cucchiaino di cumino
¼ di aglio in polvere
Sale e pepe q.b.

PROCEDIMENTO

Scolare i ceci, sciacquarli e asciugarlo con un panno assorbente. Metterli in una ciotola con tutti gli altri ingredienti e mescolare per bene. Cuocere in friggitrice ad aria a 200° per 15 minuti, scuotendo il cestello di tanto in tanto. Lascarli intiepidire. Servire e consumare subito.

Kcal 97 | C 9,5 g | P 4 g | G 3,9 g

4 porz.
5 min
15 min
200°

PATATE RIPIENE

INGREDIENTI

400 g patate
100 g pancetta affumicata a fette
150 g mozzarella grattugiata
Prezzemolo grattugiato
Sale e pepe q.b.

PROCEDIMENTO

Lavare le patate. Avvolgere le patate nella carta stagnola e cuocere in friggitrice ad aria a 180° per 20-25 minuti. Rimuovere le patate dalla carta stagnola, eliminare le due estremità e scavare con un cucchiaio l'interno delle patate, tenendone circa un centimetro ai lati e circa metà sul fondo. Avvolgere ogni patata con due fette di pancetta e distribuire all'interno la mozzarella grattugiata. Rimettere in friggitrice ad aria a 200° per 5 minuti. Servire con prezzemolo grattugiato e consumare subito.

Kcal 262 | C 18,8 g | P 12,6 g | G 15,5 g

4 porz.
5 min
30 min
200°

CROCCHETTE DI AVOCADO E PANCETTA

INGREDIENTI

200 g avocado
1 uovo medio
150 g pancetta a fette
20 g farina 00
10 g olio extravergine d'oliva
½ cucchiaino di rosmarino secco
1 cucchiaino di paprika dolce
Sale e pepe q.b.

PROCEDIMENTO

Tagliare a fette spesse l'avocado. In un piatto sbattere l'uovo con le spezie. Passare le fettine di avocado nell'uovo e successivamente nella farina. Avvolgerle nelle fettine di pancetta. Spennellare le crocchette con l'olio. Preriscaldare la friggitrice ad aria a 180° per 3 minuti. Cuocere a 180° 6 minuti per parte. Servire e consumare subito.

Kcal 207 | C 4,6 g | P 6,7 g | G 17,7 g

6 porz.
10 min
12 min
180°

BOCCONCINI DI PANCARRÈ CON PESTO E MORTADELLA

INGREDIENTI

350 g pane per tramezzini
250 g latte intero
150 g mortadella a fette
120 g pesto
40 g grana grattugiato
40 g pangrattato
2 uova medie
20 g burro
Un pizzico di origano
Un pizzico di sale

PROCEDIMENTO

Imburrare una teglia e cospargere di pangrattato. In un piatto sbattere le uova con il sale e il latte. Passare rapidamente le fette con composto di latte e uova, senza inzupparle troppo e distribuirle sui lati della teglia. Distribuire il pesto, la mortadella, un po' di formaggio grattugiato e nuovamente il pane per tramezzini inzuppato. Ultimare con pangrattato rimasto e riccioli di burro. Cuocere in friggitrice ad aria a 170° per 20 minuti ed ulteriori 5 minuti a 180°. Far raffreddare qualche minuto e servire a tocchetti. Conservare in frigo per massimo 1 giorno in un contenitore chiuso.

10 porz.

5 min

25 min

170°-180°

Kcal 266 | C 21,5 g | P 10 g | G 15,4 g

POLPETTINE DI PANE RIPIENE DI CACIOTTA

INGREDIENTI

300 g pane raffermo
150 g latte intero
30 g grana grattugiato
30 g pecorino grattugiato
1 uovo grande
100 g caciotta
10 g olio extravergine d'oliva
Prezzemolo tritato
1 spicchio d'aglio
Sale e pepe q.b.

PROCEDIMENTO

Mettere in ammollo il pane nel latte. Quando il pane avrà assorbito tutto il latte, aggiungere l'uovo, il formaggio grattugiato, il prezzemolo, lo spicchio d'aglio tritato, 10 g di olio d'oliva, sale e pepe e impastare con le mani. Tagliare a cubetti la caciotta. Formare 14 polpettine ed inserire all'interno un paio di cubetti di caciotta per ogni polpetta. Mettere le polpette dentro il cestello della friggitrice, spruzzare le polpette con l'olio rimasto e cuocere a 200° per 20 minuti, scuotendo il cestello un paio di volte. Servire calde. Conservare in frigo per massimo un paio di giorni, in un contenitore chiuso.

14 porz.

10 min

20 min

200°

Kcal 134 | C 17,4 g | P 5,2 g | G 5,2 g

ROTOLINI DI PIADINA CON SPECK, SCAMORZA FILANTE E ROSMARINO

INGREDIENTI

100 g piadina all'olio
100 g speck a fette
50 g scamorza affumicata
5 g olio extravergine d'oliva
Rosmarino secco
Pepe q.b.

PROCEDIMENTO

Grattugiare la scamorza. Distribuire lo speck sulla piadina. Arrotolare su se stessa e tagliare a fette, creando dei rotolini. Preriscaldare la friggitrice ad aria a 180° per un paio di minuti. Distribuire i rotolini su un foglio di alluminio e cuocere per circa 2 minuti, cambiare lato, distribuire la scamorza grattugiata sui rotolini e cuocere per altri 5 minuti. Servire caldi con una sparpagliata di rosmarino e di olio d'oliva a filo.

Kcal 201 | C 13,4 g | P 12,7 g | G 10,5 g

4 porz.
5 min
7 min
180°

GAMBERONI IN CROSTA CON SALSA ROSA

INGREDIENTI

4-5 gamberoni grandi sgusciati (500 g circa)
4-5 fette di pancetta (150 g circa)
Un pizzico di sale e pepe
PER LA SALSA ROSA
52 g maionese
10 g ketchup
Un goccio di Brandy (2 g)
Un goccio di salsa Worcestershire (facoltativo)

PROCEDIMENTO

Preriscaldare la friggitrice ad aria a 190°. Arrotolare una fettina di pancetta su ogni gambero e distribuirvi sale e pepe. Cuocere per circa 4-5 minuti a 190°. Nel frattempo, unire tutti gli ingredienti per la salsa rosa e mescolare. Servire i gamberoni in crosta di pancetta con salsa rosa. Consumare subito.

Kcal 205 | C 4,4 g | P 19,6 g | G 12,1 g

4 porz.
5 min
5 min
190°

ROTOLINI DI PIADINA CON RICOTTA, MORTADELLA E PISTACCHIO

INGREDIENTI

100 g piadina all'olio
100 g ricotta
100 g mortadella IGP
20 g granella di pistacchio
Erba cipollina tritata
Sale e pepe q.b.

PROCEDIMENTO

Distribuire la ricotta, l'erba cipollina, sale e pepe, la granella di pistacchio e la mortadella sulla piadina. Arrotolare su se stessa e tagliare a fette, creando dei rotolini. Preriscaldare la friggitrice ad aria a 180° per un paio di minuti. Distribuire i rotolini su un foglio di alluminio e cuocere per circa 5 minuti, cambiare lato e cuocere per altri 2 minuti. Servire una volta intiepiditi.

Kcal 217 | C 14,4 g | P 9,1 g | G 13,8 g

4 porz.
5 min
7 min
180°

ROTOLINI DI PIADINA CON SPECK, SCAMORZA FILANTE E ROSMARINO

BOCCONCINI DI PANCARRÈ CON PROSCIUTTO E FORMAGGIO

INGREDIENTI

350 g pane per tramezzini
250 g latte intero
150 g prosciutto cotto
150 g formaggio fuso a fette
40 g grana grattugiato
30 g pangrattato
2 uova medie
20 g burro
Un pizzico di origano
Un pizzico di sale

PROCEDIMENTO

Imburrare una teglia e cospargere di pangrattato. Sbattere le uova con il sale e il latte. Passare rapidamente le fette nel composto senza inzupparle troppo e distribuirle sui lati della teglia. Fare uno strato di prosciutto, di formaggio fuso a fette, un po' di formaggio grattugiato e nuovamente il pane per tramezzini inzuppato. Ultimare con pangrattato rimasto e riccioli di burro. Cuocere in friggitrice ad aria a 170° per 20 minuti ed ulteriori 5 minuti a 180°. Far raffreddare qualche minuto e servire a tocchetti. Conservare in frigo per massimo 1 giorno in un contenitore chiuso.

10 porz.

5 min

25 min

170°-180°

Kcal 217 | C 20,1 g | P 12,5 g | G 9,2 g

CANNOLINI CON MOUSSE DI SALMONE E PISTACCHIO

INGREDIENTI

80 g rotolo di pasta sfoglia
100 g formaggio caprino
50 g salmone affumicato
10 g granella di pistacchi
10 g burro
Erba cipollina tritata
Sale e pepe q.b.

PROCEDIMENTO

Tagliare in piccoli rettangoli la pasta sfoglia. Imburrare gli stampi per cannolini col burro sciolto e avvolgervi attorno la pasta sfoglia. Mettere i cannolini nel cestello e cuocere in friggitrice ad aria a 160° per 12 minuti, girandoli a metà cottura. Frullare con il frullatore ad immersione il caprino, il salmone, l'erba cipollina e un pizzico di sale e pepe. Farcire i cannolini con la mousse al salmone con l'aiuto di una sac à poche o con un cucchiaio. Decorare con granella di pistacchi. Servire e consumare subito.

4 porz.

5 min

12 min

160°

Kcal 222 | C 9,7 g | P 9,3 g | G 15,1 g

PACCHERI RIPIENI SFIZIOSI

INGREDIENTI

100 g paccheri
100 g caprino
100 g salmone affumicato
100 g zucchine
30 g parmigiano grattugiato
20 g olio extravergine d'oliva
1 spicchio d'aglio
1 peperoncino
Erba cipollina fresca
Prezzemolo tritato
Sale e pepe q.b.

PROCEDIMENTO

6 porz.

5 min

20 min

180°

Cuocere i paccheri e scolarli a metà cottura; sciacquarli sotto l'acqua fredda. Metterli in una ciotola ed aggiungere 10 g di olio extravergine d'oliva, 10 g di parmigiano grattugiato, sale e pepe. Metterli nel cestello della friggitrice e cuocerli per 10 minuti a 200°. Nel frattempo, tagliare a fettine sottili l'aglio e a rondelle la zucchina. In una padella, rosolare l'aglio e il peperoncino, con l'olio rimasto ed aggiungere le zucchine.
Saltare insieme per 5 minuti a fiamma viva. Rimuovere il peperoncino, mettere le zucchine in un bicchiere lungo, aggiungere il caprino, il salmone, il parmigiano grattugiato, il prezzemolo tritato, sale, pepe e frullare con un frullatore ad immersione, fino ad ottenere un composto omogeneo.
Se l'impasto risulta troppo liquido, aggiungere ancora parmigiano; se risulta troppo compatto, aggiungere un goccio di latte. Aggiungere l'erba cipollina sminuzzata e mescolare.
Farcire i paccheri appena prima di servirli. Quindi servirli e consumarli subito.

Kcal 180 | C 12 g | P 10,5 g | G 9,6 g

ROSE DI PATATE CON CUORE DI CARCIOFI PICCANTI

INGREDIENTI

300 g patate
300 g cuori di carciofi surgelati
50 g mozzarella grattugiata
1 spicchio d'aglio
10 g olio extravergine d'oliva
40 g pangrattato
Prezzemolo grattugiato
1 peperoncino
Sale e pepe q.b.

PROCEDIMENTO

4 porz.

10 min

25 min

180°

Portare a bollore una pentola d'acqua. Lavare e sbucciare le patate; tagliarle a fettine. Sbollentarle per qualche minuto. Farle scolare in uno scolapasta. Tagliare a fettine l'aglio. Scaldare una pentola e rosolare per un minuto l'aglio con un filo d'olio. Aggiungere i cuori di carciofi, il peperoncino, sale e pepe e cuocere il tutto per 7 minuti, con coperchio, mescolando di tanto in tanto. Aggiungere il prezzemolo, mescolare e spegnere il fuoco. Rimuovere il peperoncino. Spennellare le fettine di patate con l'olio rimasto e passare nel pangrattato. Distribuire le fettine di patate in stampi per muffin, sovrapponendoli leggermente l'uno con l'altro. Inserire al centro i carciofi tagliati a spicchi più sottili e distribuire la mozzarella grattugiata. Cuocere in friggitrice ad aria per 15 minuti a 180°. Servire caldi. Conservare in frigo per massimo 2 giorni in un contenitore di plastica.

Kcal 183 | C 22,8 g | P 7 g | G 6,3 g

PANZEROTTINI RIPIENI DI PROSCIUTTO E MOZZARELLA

6 porz.

15 min + 15 min riposo

20 min

180°

INGREDIENTI

120 g farina 00
120 g acqua
120 g burro
1/2 cucchiaino di sale
120 g prosciutto cotto
125 g mozzarella
1 uovo medio
10 g olio extravergine d'oliva
50 g pangrattato

PROCEDIMENTO

Scaldare l'acqua in un pentolino; aggiungere il sale e il burro. Mescolare e portare a bollore. Aggiungere la farina setacciata mescolando rapidamente. Tenere sul fuoco un paio di minuti, togliere dal fuoco e impastare con le mani fino ad ottenere un impasto omogeneo. Formare un panetto, avvolgere nella pellicola e far riposare in frigo per 15 minuti. Strizzare la mozzarella e sminuzzarla. Stendere l'impasto con un mattarello e formare 6 cerchi con un coppa pasta. Distribuire a metà cerchio la mozzarella e il prosciutto spezzettato. Richiudere l'altra metà e sigillare i bordi, bagnando l'impasto con un po' d'acqua. Immergere i panzerottini nell'uovo e subito dopo nel pangrattato; far riposare un'ora in frigo. Spruzzare i panzerottini con olio spray e in friggitrice ad aria a 180° per 20 minuti, cambiando lato a metà cottura. Servire caldi. Conservare in frigo per massimo 3 giorni in un contenitore chiuso oppure congelare.

Kcal 359 | C 21,8 g | P 11,6 g | G 25,3 g

POLPETTINE DI VERDURE SAPORITE

24 porz.

15 min

22 min

180°

INGREDIENTI

350 g patata
140 g broccolo
150 g carota
150 g zucchine
70 g piselli in scatola
50 g cipolla bianca
2 uova medie
60 g parmigiano grattugiato
40 g scamorza affumicata
80 g pangrattato
10 g olio extravergine d'oliva
Uno spicchio d'aglio
Prezzemolo tritato
1 spicchio d'aglio
Sale e pepe q.b.

PROCEDIMENTO

Lessare le patate in abbondante acqua salata. Sbucciarle e schiacciarle con lo schiacciapatate. Tagliare a dadini o a pezzetti piccole le altre verdure, ad eccezione dei piselli. Scaldare 5 g di olio in una pentola e cuocere per 10 minuti le verdure, mescolando spesso. Aggiungere sale, pepe e lasciar intiepidire. Nel frattempo, unire alle patate schiacciate il parmigiano grattugiato, la scamorza grattugiata, un uovo, spezie ed infine le verdure. Impastare fino ad ottenere un composto omogeneo. Mettere l'altro uovo in un piatto, aggiungere sale e pepe e sbatterlo leggermente. In un altro piatto mettere il pangrattato. Formare 24 polpette e passarle prima nell'uovo e successivamente nel pangrattato. Mettere le polpette in friggitrice ad aria spuzzandole con l'olio rimasto e cuocerle a 180° per 12 minuti, girandole di tanto in tanto. Servire calde. Conservare in frigo per massimo 3 giorni.

Kcal 59 | C 6,2 g | P 3 g | G 2,4 g

INVOLTINI DI ZUCCHINE AL TONNO

INGREDIENTI

300 g zucchine
100 g tonno sott'olio sgocciolato
4 g alici sott'olio
30 g mandorle tritate
30 g pomodori secchi sott'olio
10 g olio extravergine d'oliva
20 g parmigiano grattugiato
50 g pangrattato
1 spicchio piccolo d'aglio
Sale e pepe q.b.

PROCEDIMENTO

Preriscaldare la friggitrice ad aria a 190°. Tagliare a fettine le zucchine. Grigliarle leggermente da entrambi i lati. Spennellarle con l'olio, sale e pepe, da entrambi i lati. Unire tutti gli altri ingredienti in un bicchiere, ad eccezione per pangrattato e frullare col frullatore ad immersione fino ad ottenere un composto omogeneo. Formare delle palline ed avvolgervi la fettina di zucchine intorno. Posizionare gli involtini in una teglia e cuocere in friggitrice ad aria per circa 7-10 minuti. Servire caldi o tiepidi. Conservare in frigo per massimo 2 giorni.

Kcal 203 | C 12 g | P 12,3 g | G 11,7 g

4 porz.
10 min
13 min
190°

INVOLTINI ORIENTALI

INGREDIENTI

250 g pasta fillo
150 g macinato di suino
100 g cavolo cappuccio
100 g germogli di soia
150 g carota
2 cipollotti
2 cucchiai di salsa di soia
20 g olio di semi di girasole
2 cucchiai di vino bianco
Erba cipollina fresca

PROCEDIMENTO

Tagliare a listarelle la carota, il cavolo e i cipollotti; sminuzzare l'erba cipollina. In un wok scaldare 10 g di olio di semi di girasole e rosolare il macinato di suino per un paio di minuti, mescolando spesso. Sfumare col vino bianco ed aggiungere le verdure e l'erba cipollina. Aggiungere anche la salsa di soia e saltare il tutto per 5 minuti. Eliminare il liquido che si sarà formato nelle verdure e far intiepidire. Srotolare la pasta fillo su un piano di lavoro. Ricavare dei rettangoli, mettere al centro un po' di ripieno, chiudere da un lato più lungo, poi dai lati più corti, sigillando con un goccio di acqua. Eseguire lo stesso procedimento per il resto degli involtini. Se avanzasse pasta fillo, formare un altro strato agli involtini. Spennellare gli involtini con l'olio rimasto e cuocere in friggitrice ad aria a 190° per 12 minuti, girandoli dall'altro lato a metà cottura. Servire subito accompagnati da salsa di soia e/o agrodolce. Conservare in un contenitore chiuso, in frigo, per massimo 2 giorni.

Kcal 152 | C 18 g | P 7,4 g | G 5,7 g

8 porz.
18 min
18 min
190°

UOVA CON SALSA TONNATA

INGREDIENTI

4 uova medie
30 g maionese
30 g tonno d'olio
10 g olio di semi di girasole
5 capperi
Un pizzico di sale e pepe
Erba cipollina per decorare

PROCEDIMENTO

Preriscaldare la friggitrice ad aria a 150°. Posizionare le uova nel cestello della friggitrice ad aria. Cuocere per 12 minuti. Nel frattempo, mettere tutti gli altri ingredienti in un recipiente e frullare col frullatore ad immersione fino ad ottenere una salsa omogenea. Tirare fuori le uova dal cestello, sciacquarle sotto l'acqua fredda e sbucciarle. Tagliarle a metà e servire con la salsa tonnata ed una sparpagliata di erba cipollina. Servire.

2 porz.
5 min
12 min
150°

Kcal 298 | C 0 g | P 16 g | G 26,1 g

SPIRALI DI BACON

INGREDIENTI

100 g bacon
10 g semi di sesamo bianchi e neri
Rosmarino secco
Paprika dolce
Sale e pepe q.b.

PROCEDIMENTO

Mettere le fettine di bacon su un piano di lavoro. Cospargere di semi di sesamo e spezie da ambo i lati, pressando con le mani. Arrotolare su se stessa una fetta dal lato lungo e infilzare con un bastoncino e cuocere in friggitrice ad aria a 180° per 3 minuti. Servire e consumare subito.

Kcal 183 | C 0,3 g | P 8,3 g | G 16,4 g

2 porz.
5 min
3 min
180°

PRIMI

GARGANELLI CON PESCE SPADA, CARCIOFI E PATÈ DI OLIVE

INGREDIENTI

350 g garganelli o fusilli
300 g pesce spada
300 g besciamella
200 g pomodori a cubetti
200 g carciofi
150 g caciotta
50 g paté di olive nere
30 g grana grattugiato
100 g cipolla bianca
20 g olio extravergine d'oliva
1 spicchio d'aglio
Prezzemolo tritato
Basilico
Sale e pepe q.b.

PROCEDIMENTO

Cuocere al dente i garganelli in abbondante acqua calda e salata. Scaldare una pentola con 10 g d'olio, l'aglio e la cipolla tritati e cuocere i carciofi per 10 minuti, mescolando. Tagliare a fettine più sottili i carciofi, rimetterli in padella ed aggiungere il pomodoro a cubetti; cuocere per altri 5 minuti. Mescolare ed insaporire con sale, pepe, prezzemolo e basilico tritato. Tagliare a cubotti il pesce spada, metterlo in una ciotola con un pizzico di sale, pepe e 5 g di olio d'oliva. Tagliare a cubetti la caciotta. Scolare la pasta e passarla sotto l'acqua fredda. Metterla nella pirofila con 5 g di olio, il sugo con i carciofi, il pesce spada, la besciamella, la caciotta, il paté di olive e mescolare per bene. Livellare con una spatola e spolverare con il grana grattugiato. Cuocere in friggitrice ad aria a 180° per 15 minuti. Servire calda.

Kcal 515 | C 48,6 g | P 25,4 g | G 23,4 g |

6 porz.

15 min

25 min

180°

LASAGNE CON SPINACI E RICOTTA

INGREDIENTI

250 g sfoglie fresche all'uovo
500 g spinaci surgelati
250 g ricotta
100 g mozzarella grattugiata
80 g grana grattugiato
600 g besciamella pronta
40 g burro
Un pizzico di aglio in polvere
Sale e pepe q.b.

PROCEDIMENTO

Scongelare gli spinaci in microonde oppure in una padella. Metterli su un tagliere e sminuzzarli con un coltello. Metterli in una ciotola ed aggiungere la ricotta, un pizzico di aglio in polvere, sale e pepe e mescolare. Imburrare una pirofila e distribuire uno strato di besciamella sul fondo della pirofila. Alternare le sfoglie fresche con il composto di ricotta e spinaci, la mozzarella grattugiata e il grana grattugiato, tendendo un po' di quest'ultimo, per una spolverata finale. Aggiungere il burro rimasto a ciuffetti e cuocere in friggitrice ad aria precedentemente riscaldata, a 160° per 20 minuti ed ulteriori 5 minuti a 180°, fino a che non si sia formata una leggera crosticina. Servire calda. Conservare in frigo coperta con pellicola per massimo 3 giorni oppure congelare.

Kcal 532 | C 37,5 g | P 26,9 g | G 29,3 g |

4 porz.

7 min

25 min

160°-180°

GNOCCHI ALLA SORRENTINA

4 porz.

25 min

30 min

180°

INGREDIENTI

PER GLI GNOCCHI
750 g di patate
70 g farina
12 g burro
3 g sale
Semola rimacinata o farina q.b.

PER IL CONDIMENTO
500 g passata di pomodoro
200 g mozzarella grattugiata
100 g parmigiano grattugiato
2 spicchi d'aglio
50 g cipolla
7 foglie di basilico
40 g olio extravergine d'oliva
1 pizzico di origano
Sale e pepe q. b.

PROCEDIMENTO

Tritare la cipolla e l'aglio. Rosolare la cipolla e l'aglio in una padella con olio per 2 minuti. Aggiungere la salsa, l'origano, il basilico, il sale e il pepe e cuocere a fiamma medio bassa per circa 10 minuti con coperchio. Rimuovere il coperchio e cuocere per altri 5 minuti. Lessare le patate con la buccia per circa 15 minuti o fino a quando, infilzandole con una forchetta, questa non avvertirà più resistenza. Scolarle e sbucciarle ancora calde. Schiacciare le patate e metterle in una ciotola. Aggiungere gli altri ingredienti ed impastare fino ad ottenere un impasto compatto. Formare dei filoncini, tagliarli in piccoli pezzetti, dando la forma desiderata. Passarli nella semola. Portare ad ebollizione una pentola d'acqua salata e cuocere gli gnocchi per 2 minuti o fino a quando non saranno giunti a galla tutti. Scolarli e metterli in una ciotola con la salsa di pomodoro.
Mescolare ed aggiungere la mozzarella grattugiata e metà parmigiano grattugiato. Mescolare ancora e versare il tutto in una pirofila. Distribuire il parmigiano rimasto e mettere gli gnocchi in friggitrice ad aria a 180° per 10 minuti, fino a quando non si è formata una crosticina sulla superficie. Servire con basilico fresco. Conservare in frigo coperto con pellicola per massimo 3 giorni oppure congelare.

Kcal 634 | C 55,3 g | P 27 g | G 34 g |

POMODORI RIPIENI DI RISO E TONNO

2 porz.

10 min

17 min

180°-200°

INGREDIENTI

4 pomodori grandi (1 kg)
150 g riso arborio
100 g filetti di tonno sott'olio
40 g olive nere denocciolate
20 g grana grattugiato
3 filetti di acciughe sott'olio
5 g olio extravergine d'oliva
10 g capperi
1 spicchio d'aglio
Prezzemolo tritato
Paprika dolce
Sale e pepe q.b.

PROCEDIMENTO

Cuocere il riso al dente in abbondante acqua salata. Scolarlo e passarlo sotto l'acqua fredda. Tagliare la calotta dei pomodoro svuotarli, incidendoli con un coltello. Salare leggermente l'interno dei pomodori e metterli a testa in giù su una teglia. Frullare la polpa di pomodoro con le acciughe. Tritare l'aglio, tagliare a fettine le olive ed aggiungerli alla polpa di pomodoro. Aggiungere le spezie, il riso, il tonno sgocciolato e mescolare. Riempire i pomodori con il ripieno, distribuire il grana grattugiato e mettere i pomodori ripieni nel cestello della friggitrice ad aria. Spruzzare con l'olio e cuocere in friggitrice ad aria a 180° per 12 minuti. Cuocere altri 5 minuti a 200°. Servire caldi o freddi. Conservare in frigo in un contenitore chiuso per massimo 2 giorni.

Kcal 519 | C 72,2 g | P 30,2 g | G 12,1 g |

PRIMI

TROFIETTE CACIO E PEPE

INGREDIENTI

400 g trofiette
200 g besciamella
125 g mozzarella
100 g pecorino romano
50 g pangrattato
20 g burro
Pepe nero macinato
Sale q.b.

PROCEDIMENTO

Portare a bollore una pentola d'acqua salata. Cuocere le trofiette a metà cottura. Tagliare a cubetti la mozzarella. Scolare le trofiette, metterle in una ciotola ed aggiungere l'olio, la besciamella, metà pecorino grattugiato, il pepe nero, la mozzarella e mescolare per bene. Imburrare e ricoprire con parte del pangrattato, una pirofila. Versare le trofiette nella pirofila, livellare ed ultimare con il una spolverata di pepe, pecorino e il pangrattato rimasto. Cuocere in friggitrice ad aria a 180° per 15 minuti. Servire calde. Conservare in frigo coperto con pellicola per massimo 3 giorni oppure congelare.

6 porz.

20 min

25 min

180°

Kcal 428 | C 52,3 g | P 22,9 g | G 17,9 g |

LASAGNE AI SAPORI DI MARE

INGREDIENTI

400 g sfoglie fresche all'uovo
450 g vongole (300 g al netto degli scarti)
450 g cozze (300 g al netto degli scarti)
350 g gamberi freschi
100 g filetto di orata sfilettata, senza pelle
100 g filetto di branzino sfilettata, senza pelle
100 g calamari
100 g carote
100 g sedano
100 g cipolla
800 g besciamella
900 g polpa di pomodoro
20 g olio extravergine d'oliva
1 spicchio d'aglio
Prezzemolo tritato
Maggiorana secca
Sale e pepe q.b.

PROCEDIMENTO

Lavare bene le cozze e le vongole. Scaldare una pentola con lo spicchio d'aglio, 5 g d'olio e due bicchieri d'acqua. Mettere dentro le cozze e le vongole, chiudere il coperchio e cuocere per circa 7 minuti o fino a quando non risulteranno aperte. Scolare i molluschi tenendo da parte l'acqua di cottura e sgusciarli. Sgusciare i gamberi e tenere da parte i gusci. Rimuovere i budello nero e tagliare a pezzi i gamberi e i filetti di branzino e orata. Lavare i calamari, rimuovere la parte interna non edibile e tagliare a fettine e a pezzettini. Nella pentola con il fondo di cottura delle cozze e delle vongole aggiungere i gusci dei gamberi, accendere il fuoco e portare a bollore per 10 minuti. Filtrare il liquido ottenuto e mettere da parte. Tritare, sedano carote e cipolla e rosolare con l'olio rimasto in una pentola. Aggiungere sale e pepe e un po' del liquido ottenuto precedentemente. Far cuocere per circa 5 minuti. Unire i pezzi di orata e branzino e cuocere per 5 minuti. Aggiungere anche gamberi, calamari, cozze e vongole e cuocere per altri 2 minuti. Sfumare col vino bianco ed aggiungere la polpa di pomodoro. Lasciar cuocere per 10 minuti a fiamma medio/bassa. Unire prezzemolo e maggiorana e mescolare. Distribuire sul fondo di una pirofila uno strato di besciamella. Successivamente adagiare le lasagne, due mestoli di ragù di pesce ed una di besciamella. Livellare e proseguire fino ad esaurire gli ingredienti. Coprire con carta stagnola e cuocere in friggitrice ad aria a 160° per 25 minuti. Rimuovere la carta stagnola e completare la cottura per altri 5 minuti a 180°. Lasciar intiepidire prima di servire. Conservare in frigo coperto con pellicola per massimo 3 giorni oppure congelare.

6 porz.

30 min

50 min

160°-180°

Kcal 577 | C 68,7 g | P 39,8 g | G 22,9 g |

TRIONFO DI PASTA AL PISTACCHIO

6 porz.

20 min

15 min

180°

INGREDIENTI

500 g farfalle
200 g besciamella
150 g prosciutto cotto a fette
100 g formaggio a pasta filata
60 g burro di pistacchio 100%
30 g granella di pistacchio
30 g pangrattato
40 g grana grattugiato
20 g di olio extravergine d'oliva
½ cucchiaino di cipolla essiccata
Un pizzico di pepe bianco
Un pizzico di pepe nero
Sale q.b.

PROCEDIMENTO

Portare a bollore una pentola d'acqua salata. Cuocere le farfalle al dente. Tagliare a cubetti il formaggio a pasta filata e spezzettare il prosciutto cotto. Oliare una pirofila ed aggiungere, farfalle, besciamella, prosciutto cotto, formaggio a pasta filata a dadini, 15 g di olio, burro di pistacchio, 15 g di granella di pistacchio, cipolla essiccata, pepe nero, pepe bianco e sale. Mescolare per bene e livellare. Unire in una ciotola, pangrattato, grana e granella di pistacchio rimasta; mescolare e ricoprire la superficie. Spruzzare con l'olio rimasto e cuocere in friggitrice ad aria a 180° per 15 minuti. Servire calda. Conservare in frigo coperto con pellicola per massimo 3 giorni oppure congelare.

Kcal 633 | C 69,9 g | P 27,3 g | G 26,5 g |

PENNE GRATINATE CON CIME DI RAPA

2 porz.

10 min

25 min

190°

INGREDIENTI

160 g penne rigate
300 g cime di rapa fresche
15 g olio extravergine d'oliva
10 g pangrattato
4 filetti di acciughe sott'olio
20 g parmigiano grattugiato
1 spicchio d'aglio
Sale e pepe q.b.

PROCEDIMENTO

Lavare e lessare in abbondante acqua salata le cime di rapa. Nella stessa acqua di cottura delle cime di rapa, cuocere la pasta al dente. Nel frattempo, frullare con un frullatore ad immersione metà delle cime di rapa con un filo d'olio, 2/3 cucchiai d'acqua di cottura, i filetti di acciughe e l'aglio, fino ad ottenere una salsa cremosa. Scolare la pasta e metterla in una ciotola. Aggiungere l'olio rimasto, parte del parmigiano grattugiato e la salsa cremosa precedentemente ottenuta. Mescolare per bene e versare in due piccole pirofile. Cospargere di parmigiano grattugiato e di pangrattato e spruzzare la superficie con un po' d'olio. Cuocere in friggitrice ad aria a 190° per 10 minuti o fino a quando non si sia formata sulla superficie una leggera crosticina. Servire calda. Conservare in frigo coperto con pellicola per massimo 3 giorni oppure congelare.

Kcal 459 | C 59,1 g | P 18 g | G 13 g |

MACCHERONCINI CON PESTO DI ZUCCHINE, SALMONE, GAMBERI E GRANELLA DI PISTACCHIO

INGREDIENTI

350 g maccheroncini
500 g zucchine
300 g gamberi sgusciati
300 g filetto di salmone senza pelle
200 g besciamella
50 g grana grattugiato
50 g olio extravergine d'oliva
50 g pistacchi
50 g basilico fresco
30 g granella di pistacchi
1 spicchio d'aglio
Sale e pepe q.b

PROCEDIMENTO

6 porz.

15 min

25 min

180°

Lavare le zucchine e mondarle. Grattugiarle con una grattugia a fori medi. Metterle in uno scolapasta con un pizzico di sale e lasciarle scolare per 10 minuti. Nel frattempo, cuocere al dente i maccheroncini. Tagliare a pezzetti i gamberi e a cubetti il salmone; condire con 5 g di olio d'oliva, sale e pepe. Mettere i maccheroncini in una ciotola; aggiungere la besciamella e 5 g di olio extravergine d'oliva. Mescolare per bene e ad aggiungere i gamberi e il salmone. Mettere in un mixer le zucchine, il grana grattugiato, il basilico, i pistacchi, lo spicchio d'aglio, un pizzico di sale e pepe e 40 g olio d'oliva.
Frullare il tutto fino ad ottenere un pesto omogeneo e denso. Distribuire sul fondo di una pirofila un po' di pesto di zucchine e aggiungere i maccheroncini; livellare e distribuire il restante pesto di zucchine. Cospargere di granella di pistacchi e cuocere in friggitrice ad aria a 180° per 15 minuti. Servire calda con una spolverata di pepe. Conservare in frigo al massimo per 3 giorni coperta con pellicola oppure congelare.

Kcal 597 | C 46,8 g | P 31,9 g | G 30,9 g |

FUSILLI ALL'ORTOLANA

INGREDIENTI

350 g fusilli
250 g melanzane
300 g peperoni gialli e rossi
300 g zucchine
150 g pomodorini
100 g cipolla
50 g provola dolce
50 g scamorza affumicata
40 g pecorino grattugiato
40 g olio extravergine d'oliva
Aglio in polvere
Basilico fresco
Origano secco
Sale e pepe q.b.

PROCEDIMENTO

4 porz.

15 min

30 min

180°

Cuocere la pasta al dente in abbondante acqua bollente e salata. Lavare le verdure e tagliare a dadini più o meno spessi, melanzane, zucchine, peperoni e cipolla. Mettere il tutto in una ciotola con 20 g di olio d'oliva, sale e pepe e mescolare per bene. Mettere le verdure in una pirofile e cuocere a 200° per 10 minuti, mescolando un paio di volte durante la cottura. Aggiungere i pomodorini tagliati a metà e cuocere per altri 5 minuti. Tagliare a cubetti la scamorza e la provola. Scolare la pasta, passarla sotto l'acqua fredda ed aggiungerla alle verdure. Unire anche scamorza, provola, basilico, origano, un pizzico di sale e pepe, aglio in polvere, 20 g di pecorino, l'olio rimasto e mescolare per bene. Livellare e spolverare con il pecorino rimasto. Cuocere in friggitrice ad aria a 180° per 15 minuti. Far intiepidire per qualche minuto prima di servire con basilico fresco. Conservare in frigo coperto con pellicola per massimo 3 giorni oppure congelare.

Kcal 580 | C 71,8 g | P 23 g | G 22,1 g |

MACCHERONI AL SALMONE

INGREDIENTI

300 g maccheroni
200 g salmone affumicato
150 g besciamella pronta
10 g olio extravergine d'oliva
50 g scalogno
50 g salsa di pomodoro
20 g pangrattato
30 g parmigiano grattugiato
20 g burro
1 spicchio d'aglio
Prezzemolo tritato
Sale e pepe q.b.

PROCEDIMENTO

Tritare l'aglio e lo scalogno. Cuocere la pasta al dente in abbondante acqua salata. Mettere la pasta nella pirofila ed aggiungere salmone spezzettato, besciamella, salsa di pomodoro, scalogno e aglio, un pizzico di sale e pepe, olio extravergine d'oliva, 10 g di parmigiano grattugiato, prezzemolo e mescolare. Ultimare con pangrattato, parmigiano e burro in ciuffetti. Cuocere in friggitrice ad aria a 180° per 15 minuti o fino a quando non si è formata una crosticina bruna sulla superficie. Lasciar intiepidire qualche minuto prima di servire. Conservare in frigo per massimo 3 giorni coperta con pellicola trasparente oppure congelare.

Kcal 533 | C 66,8 g | P 24,8 g | G 18,5 g |

4 porz.
10 min
25 min
180°

TIMBALLO DI RISO ALLA MILANESE CON ASPARAGI E PECORINO

INGREDIENTI

300 g riso carnaroli
500 g asparagi verdi
1 lt di brodo vegetale
100 g cipolla bianca
100 g pecorino grattugiato
30 g grana grattugiato
30 g burro
150 ml vino bianco
15 g olio extravergine d'oliva
1 bustina zafferano
Sale e pepe q. b.

PROCEDIMENTO

Portare a bollore il brodo. Tritare la cipolla e rosolarla con 10 g di burro. Aggiungere il riso e tostarlo per qualche minuto. Aggiungere il vino, abbassare il fuoco al minimo e non mescolare il riso. Dopo un paio di minuti, aggiungere il brodo caldo poco per volta e mescolare. Cuocere per 10 minuti a fiamma media con coperchio, mescolando di tanto in tanto. A metà cottura, sciogliere lo zafferano in una tazzina con il brodo ed aggiungerlo al riso. Nel frattempo, mettere gli asparagi in un contenitore, aggiungere olio, sale e pepe e mescolare. Cuocere in friggitrice ad aria a 180° per 10 minuti, scuotendo il cestello a metà cottura. Tagliare a tocchetti un po' di asparagi, tenendone un po' da parte per decorazione. Mettere il riso in una tortiera, aggiungere tutti gli altri ingredienti, ad accezione del grana e degli asparagi interi e mescolare. Distribuire il grana sulla superficie e cuocere in friggitrice ad aria a 180° per 10 minuti o fino a quando non si è formata una crosticina sulla superficie. Servire con una spolverata di pepe e gli asparagi rimasti.

Kcal 506 | C 61,2 g | P 18,3 g | G 20,4 g |

4 porz.
15 min
30 min
180°

MACCHERONCINI CON ZUCCA, SPECK E PROVOLA

INGREDIENTI

400 g maccheroncini
800 g zucca a tocchetti
200 g provola affumicata
150 g speck a fette
100 g cipolla
50 g panna da cucina
40 g grana grattugiato
20 g olio extravergine d'oliva
1 spicchio d'aglio
Un pizzico di noce moscata
Sale e pepe q.b.

PROCEDIMENTO

Mettere la zucca in una ciotola con 10 g di olio ed un pizzico di sale. Cuocere in friggitrice ad aria per 15 minuti a 180°, mescolando a metà cottura. Cuocere i maccheroncini al dente. Tagliare a tocchetti la provola e a listarelle lo speck. Sminuzzare la cipolla. Mettere metà zucca in un bicchiere alto. Aggiungere la panna, il grana grattugiato, un cucchiaio di acqua e frullare fino ad ottenere un composto omogeneo. Mettere in una pirofila, tutti gli ingredienti e mescolare. Cuocere in friggitrice ad aria a 180° per 12 minuti. Servire calda con una spolverata di pepe. Conservare in frigo al massimo per 3 giorni coperta con pellicola oppure congelare.

Kcal 506 | C 50,1 g | P 27,8 g | G 21,6 g |

6 porz.
15 min
30 min
180°

MELANZANE RIPIENE D'ORZO

INGREDIENTI

1 kg di melanzane
200 g orzo precotto
100 g cipolla rossa di tropea
100 g feta greca
150 g pomodorini
30 g pomodori secchi
30 g olive taggiasche sott'olio
40 g grana grattugiato
20 g olio extravergine d'oliva
20 g pinoli
Basilico fresco
Un pizzico di origano
Sale e pepe q.b.

PROCEDIMENTO

Lessare l'orzo precotto in abbondante acqua salata. Lavare le melanzane, mondarle e tagliarle per il lungo. Spolverarle con un pizzico di sale e pepe e spruzzarle con un po' d'olio e arrostirle in friggitrice ad aria a 200° per 20 minuti. Nel frattempo, tritare la cipolla e il basilico, tagliare a spicchi i pomodorini, a pezzetti i pomodori secchi e a tocchetti la feta. Scavare la polpa delle melanzane con un cucchiaio, prestando attenzione a non bucare la buccia. Mettere la polpa in una ciotola ed aggiungere i pomodorini, la feta, i pomodori secchi, il grana grattugiato, la cipolla, l'orzo raffreddato, 10 g di olio, il pizzico di origano, il basilico, le olive taggiasche e mescolare il tutto. Riempire le melanzane con il ripieno, distribuire i pinoli e schiacciare un po' con le mani. Cuocere in friggitrice ad aria a 200° per 10 minuti. Servire calde. Conservare in frigo per massimo 3 giorni in un contenitore chiuso oppure congelare.

Kcal 532 | C 37,5 g | P 26,9 g | G 29,3 g |

4 porz.
7 min
25 min
200°

FARFALLE AL SUGO CON PISELLI

INGREDIENTI

500 g pasta farfalle
600 g salsa di pomodoro
250 g piselli in scatola
100 g mozzarella grattugiata
80 g parmigiano grattugiato
50 g scamorza o provola
100 g cipolla bianca
2 uova medie
20 g olio extravergine d'oliva
Basilico fresco
Un pizzico di origano
Sale e pepe q.b.

PROCEDIMENTO

Cuocere la pasta al dente. Nel frattempo, tritare la cipolla e rosolare in padella con un filo d'olio. Aggiungere la salsa di pomodoro, un pizzico di sale e pepe, origano e cuocere per 10 minuti a fiamma moderata. Scolare i piselli e sciacquarli sotto l'acqua. Rompere le uova in una fondina e sbatterle velocemente. Aggiungere 50 g di parmigiano, la mozzarella grattugiata, la scamorza grattugiata, la pasta intiepidita, i piselli, il sugo, basilico fresco e l'olio rimasto e mescolare il tutto per bene. Versare i una pirofila e cuocere in friggitrice ad aria a 180° per 20 minuti. Servire calda o fredda.

Kcal 546 | C 71,1 g | P 26,8g | G 16,3 g |

6 porz.

20 min

30 min

180°

RISO PATATE E COZZE

INGREDIENTI

1 kg di patate
1 kg e 500 g di cozze
100 g pecorino romano grattugiato
300 g riso vialone nano
300 g pomodorini
150 g cipolla bianca
50 g olio extravergine d'oliva
6 cucchiai di prezzemolo tritato
30 g vino bianco
2 spicchi d'aglio
Sale e pepe q. b.

PROCEDIMENTO

Pulire per bene le cozze. Scaldare una padella con l'olio e l'aglio. Aggiungere le cozze, sale, pepe, prezzemolo ed alzare la fiamma. Sfumare col vino e cuocere per un paio di minuti mescolando spesso. Coprire con coperchio e cuocere per altri 3-4 minuti o fino a quando la maggior parte delle cozze non si siano aperte. Sgusciare parte delle cozze e filtrare il sughetto con un setaccio a maglie strette. Portare a bollore una pentola d'acqua calda e cuocere il riso al dente. Scolarlo e passarlo sotto l'acqua fredda; metterlo in una ciotola, aggiungere 10 g di olio e mescolare. Lavare e pelare le patate. Tagliarle a fettine sottili e metterle in una ciotola immerse nell'acqua fredda ed un pizzico di sale per 10 minuti. Portare a bollore una pentola d'acqua salata e cuocere le patate per 3 minuti. Scolarle e tamponarle con carta assorbente. Rimetterle nella ciotola ed aggiungere con 10 g di olio, sale, pepe ed amalgamare con le mani. Tagliare a fette le cipolle e i pomodori. Unire questi ultimi in una ciotola ed aggiungere, un pizzico di sale e 20 g di olio. In un'altra ciotola unire l'aglio tritato, il pecorino grattugiato, prezzemolo tritato e mescolare. Ungere con l'olio rimasto una teglia in terracotta o in vetro. Distribuire sul fondo le fettine di patate leggermente sovrapposte l'una sopra l'altra. Distribuire i pomodorini e le cipolle; successivamente le cozze (sia sgusciate che no), tutto il riso, ancora cozze ed il composto col pecorino. Aggiungere ancora i pomodori e le cipolle rimaste ed ultimare con le patate. Distribuire il sughetto filtrato delle cozze. Aggiungere ancora il composto con pecorino ed ultimare con l'olio d'oliva. Chiudere con carta stagnola. Preriscaldare la friggitrice ad aria a 180° per un paio di minuti. Cuocere per 15 minuti. Rimuovere la carta stagnola e cuocere ancora per 10 minuti a 190°. Servire intiepidito.

6 porz.

30 min

30 min

180°

Kcal 619 | C 77,3 g | P 31,9 g | G 19,6 g |

LASAGNE CON ASPARAGI, MORTADELLA E SCAMORZA

INGREDIENTI

250 g lasagne fresche all'uovo
500 g asparagi verdi
150 g mortadella a fette
150 g scamorza affumicata
400 g besciamella pronta
15 g grana grattugiato
15 g olio extravergine d'oliva
Prezzemolo tritato
Sale e pepe q.b.

PROCEDIMENTO

Cuocere gli asparagi come da procedimento nella ricetta "asparagi verdi arrostiti" a pagina 106 e tagliare a tocchetti. Spezzettare la mortadella e fettine sottili la scamorza. Mettere sul fondo della pirofila la besciamella, poi uno strato di lasagne fresche; ancora besciamella, asparagi, mortadella, scamorza a fette, prezzemolo tritato, sale e pepe. Ripetere il procedimento fino ad esaurimento degli ingredienti. Ultimare con una spolverata di grana grattugiato. Coprire con un foglio di carta stagnola le lasagne e cuocere in friggitrice ad aria a 160° per 20 minuti. Rimuovere la carta stagnola e cuocere per altri 10 minuti a 180°. Far intiepidire leggermente prima di servire. Conservare in frigo coperta con pellicola per massimo 3 giorni.

Kcal 585 | C 55,1 g | P 29,1 g | G 34 g |

4 porz.

10 min

30 min

160°-180°

PASTA ALLE MELANZANE FILANTI

INGREDIENTI

400 g pasta corta
500 g pomodori pelati
500 g melanzane
300 g mozzarella per pizza
100 g ricotta salata
100 g cipolla dorata
30 g olio extravergine d'oliva
Basilico fresco
Un pizzico di aglio in polvere
Un pizzico di paprika affumicata
Un pizzico di origano
Sale e pepe q.b.

PROCEDIMENTO

Tagliare a tocchetti le melanzane. Metterle in una ciotola con un cucchiaino di sale e mescolare per bene. Lasciar riposare per 30-40 minuti. Nel frattempo, cuocere la pasta al dente. Tritare la cipolla e rosolarla con un cucchiaino di olio. Aggiungere i pomodori pelati, un pizzico di origano, di aglio in polvere e di paprika affumicata e cuocere per 10 minuti. Spegnere il fuoco, far intiepidire leggermente ed aggiungere la pasta; mescolare. Tamponare le melanzane con un panno assorbente ed unire 1 cucchiaio di olio. Mescolare per bene e cuocere in friggitrice ad aria a 200° per 15 minuti, scuotendo il cestello. Aggiungere le melanzane, l'olio rimasto, il basilico fresco, la mozzarella a tocchetti e 50 g di ricotta salata, alla pasta e mescolare. Mettere in una pirofila e distribuire la ricotta salata rimasta. Cuocere a 180° per 15 minuti. Servire calda o tiepida con basilico fresco. Conservare in frigo al massimo per 3 giorni coperta con pellicola.

Kcal 459 | C 55,5 g | P 23,1 g | G 18,8 g |

6 porz.

15 min + 30 min riposo

30 min

180°-200°

CANNELLONI RIPIENI

INGREDIENTI

250 g cannelloni
250 g macinato di manzo
250 g macinato di maiale
700 g salsa di pomodoro
200 g besciamella
100 g cipolla dorata
100 g sedano
100 g carote
100 g vino rosso
150 g caciotta
150 g prosciutto cotto
50 g parmigiano grattugiato
20 g olio extravergine d'oliva
1 spicchio d'aglio
3 foglie di alloro
Un pizzico di origano
Sale e pepe q.b.

6 porz.

20 min

55 min

170°-200°

PROCEDIMENTO

Tritare sedano, carota e cipolla e soffriggere con 10 g di olio in una pentola. Aggiungere l'alloro, l'aglio e far soffriggere per un paio di minuti. Aggiungere la carne macinata, mescolare e cuocere per un paio di minuti. Sfumare col vino e cuocere per 5 minuti. Aggiungere la salsa di pomodoro, sale e pepe e cuocere per 30 minuti, fino a quando non si sarà asciugato per bene. Farlo raffreddare per bene. Cuocere al dente i cannelloni in abbondante acqua bollente e salata. Scolarli e metterli su un canovaccio. Rimuovere l'alloro e l'aglio dal ragù. Mettere metà ragù in una ciotola ed aggiungere 30 g di parmigiano grattugiato, il prosciutto cotto e la caciotta sminuzzati. Mescolare per bene. Farcire i cannelloni con l'aiuto di una sac à poche oppure con un cucchiaio. Mettere su fondo di una pirofila il ragù rimasto e la besciamella. Mettere i cannelloni uno vicino all'altro ed coprire con altro ragù, ancora besciamella, ed ultimare con formaggio grattugiato. Versare l'olio rimasto a filo sui cannelloni. Coprire con alluminio e cuocere 200° in friggitrice ad aria a 200° per 15 minuti. Rimuovere la carta stagnola e cuocere a 170° per altri 10 minuti o fino a quando la superficie non risulterà dorata. Far riposare prima di servire. Conservare in frigo coperto con pellicola per massimo 3 giorni oppure congelare.

Kcal 544 | C 42,2 g | P 36,9 g | G 25,4 g |

RISO CON ZUCCA E SALSICCIA

INGREDIENTI

400 g riso carnaroli
100 g cipolla bianca
500 g zucca
300 g salsiccia di maiale
200 g scamorza affumicata
150 ml vino bianco
50 g parmigiano grattugiato
10 g olio extravergine d'oliva
Sale e pepe q. b.

6 porz.

15 min

27 min

180°

PROCEDIMENTO

Portare a bollore il brodo. Tritare la cipolla. Sbucciare la zucca, eliminare i semi e tagliarla a tocchetti. Togliere il budello alla salsiccia e spezzettarla. In una pentola, rosolare la cipolla per qualche minuto con 5 g di olio. Aggiungere la salsiccia e la zucca cuocere per 10 minuti, mescolando di tanto in tanto ed aggiungendo brodo vegetale se dovesse asciugarsi troppo. Togliere il condimento dalla pentola e mettere da parte. Nella stessa pentola, scaldare l'olio rimasto e tostare il riso per qualche minuto. Aggiungere il vino, abbassare il fuoco al minimo e non mescolare il riso. Dopo un paio di minuti, aggiungere il brodo caldo poco per volta e mescolare. Cuocere per 10 minuti a fiamma media con coperchio, mescolando di tanto in tanto. Nel frattempo tagliare a tocchetti la scamorza. Aggiungere tutti gli ingredienti, nella pentola a fuoco spento, tenendo da parte un po' di parmigiano grattugiato; mescolare e versare in una tortiera. Ultimare con il parmigiano rimasto. Cuocere in friggitrice ad aria a 180° per 10 minuti o fino a quanto non si sarà formata una crosticina dorata sulla superficie. Servire caldo.

Kcal 574 | C 55,5 g | P 24,5 g | G 27,8 g |

LASAGNE CON CHIODINI E GAMBERETTI

INGREDIENTI

250 g lasagne fresche all'uovo
500 g chiodini sott'olio
500 g gamberetti
500 g besciamella pronta
20 g grana grattugiato
Aglio in polvere
Prezzemolo tritato
Sale e pepe q.b.

PROCEDIMENTO

Mettere sul fondo della pirofila la besciamella. Successivamente uno strato di lasagne fresche, funghi e gamberetti sparsi. Distribuire un po' di aglio in polvere e prezzemolo tritato. Ripetere gli strati fino ad esaurimento degli ingredienti, tenendo il grana grattugiato per la superficie. Coprire con un foglio di carta stagnola le lasagne e cuocere in friggitrice ad aria a 160° per 20 minuti. Rimuovere la carta stagnola e cuocere per altri 10 minuti a 180°. Far intiepidire leggermente prima di servire. Conservare in frigo coperta con pellicola per massimo 3 giorni.

Kcal 512 | C 58,4 g | P 33,3 g | G 22,9 g |

4 porz.
10 min
30 min
160°-180°

TIMBALLO DI RISO CLASSICO

INGREDIENTI

300 g riso carnaroli
250 g carne macinata mista
250 g salsa di pomodoro
100 g cipolla bianca
100 g sedano
100 g carota
200 g piselli in scatola
1 uovo medio
50 g provola affumicata
80 g mozzarella grattugiata
200 g besciamella pronta
100 g vino bianco
40 g burro
50 g parmigiano grattugiato
5 g olio extravergine d'oliva
Insaporitore per carne
Brodo di carne mista q.b.

PROCEDIMENTO

Scaldare il brodo di carne e portare a bollore. Tritare sedano, carote e cipolla. Far rosolare in una padella con un filo d'olio e cuocere per 5 minuti. Aggiungere il macinato, le spezie e sfumare con il vino. Cuocere a fiamma vivace per 5 minuti circa, mescolando spesso. Aggiungere la salsa di pomodoro, sale e pepe, mescolare e far cuocere altri 5 minuti. Aggiungere il riso, il brodo caldo e cuocere per altri 18-20 minuti a fiamma dolce. Spegnere il fuoco, aggiungere 20 g di burro, 30 g di parmigiano grattugiato e mantecare per qualche minuto. Lasciarlo raffreddare. Scolare e sciacquare per bene i piselli in scatola; metterli in una ciotola. Tagliare a cubetti la provola ed aggiungerla ai piselli. Aggiungere il riso, la mozzarella grattugiata, metà besciamella, l'uovo e mescolare per bene. Imburrare una tortiera e versarci il composto di riso all'interno; ultimare con la besciamella rimasta, il parmigiano grattugiato e qualche fiocchetto di burro. Cuocere il friggitrice ad aria per 10 minuti a 180° e altri 2 minuti a 200°. Servire caldo. Conservare in frigo per massimo 4 giorni, coperto con pellicola.

Kcal 545 | C 52,5 g | P 24,4 g | G 26,1 g |

6 porz.
15 min
40 min
180°-200°

LASAGNE CON CHIODINI E GAMBERETTI

FUSILLI CON CAVOLFIORE E ASIAGO GRATINATI

INGREDIENTI

300 g fusilli
400 g cavolfiore
100 g asiago
30 g pangrattato
20 g parmigiano grattugiato
10 g olio extravergine d'oliva
20 g burro
2 filetti di acciughe
Aglio in polvere
Sale e pepe q.b.

PROCEDIMENTO

Grattugiare l'asiago. Portare a bollore una pentola d'acqua salata. Ridurre in cimette il cavolfiore. Aggiungere le cimette di cavolfiore all'acqua bollente ed unire nella stessa pentola, anche la pasta. Scolare il cavolfiore e la pasta al dente. Imburrare una pirofila e cospargerla con parte del pangrattato. Mettere la pasta e il cavolfiore direttamente nella pirofila. Aggiungere l'olio d'oliva, l'asiago, i filetti di acciughe spezzettate, aglio in polvere e mescolare. Cospargere di pangrattato e parmigiano grattugiato. Distribuire dei ciuffetti di burro sulla superficie. Cuocere in friggitrice ad aria a 180° per 12 minuti e successivamente a 190° per 6 minuti. Lasciar intiepidire leggermente prima di servire. Conservare in frigo coperta da pellicola trasparente per massimo 3 giorni.

4 porz.

10 min

25 min

180°-190°

Kcal 496 | C 61,4 g | P 21 g | G 17,6 g |

LASAGNE CON CREMA DI ZUCCHINE, STRACCHINO E FIORI DI ZUCCA "FRITTI"

INGREDIENTI

250 g lasagne fresche all'uovo
500 g fiori di zucca
300 g zucchine
250 g besciamella pronta
150 g stracchino
50 g pangrattato
50 g parmigiano grattugiato
20 g olio extravergine d'oliva
Erba cipollina fresca
Aglio in polvere
Sale e pepe q.b.

PROCEDIMENTO

Cuocere i fiori di zucca come da procedimento nella ricetta "fiori di zucca fritti" a pagina 26 e mettere da parte. Lavare e mondare le zucchine; tagliare a tocchetti e mettere nel mixer. Aggiungere la besciamella, l'erba cipollina, l'aglio in polvere, 30 g di parmigiano, sale e pepe. Frullare il tutto fino ad ottenere una salsa omogenea. Oliare una pirofila e distribuire uno strato di crema di zucchine sul fondo. Fare uno strato di pasta fresca, poi di crema di zucchine. Distribuire i fiori di zucca e lo stracchino in ciuffetti. Ripetere il procedimento fino a completare tutti gli strati. Ultimare con fiori di zucca e parmigiano rimasto. Coprire con un foglio di carta stagnola le lasagne e cuocere in friggitrice ad aria a 160° per 20 minuti. Rimuovere la carta stagnola e cuocere per altri 10 minuti a 180°. Far intiepidire leggermente prima di servire. Conservare in frigo coperta con pellicola per massimo 3 giorni.

4 porz.

10 min

30 min

160°-180°

Kcal 547 | C 57,8 g | P 24,2 g | G 32 g |

FRITTATA DI SPAGHETTI

INGREDIENTI

250 g spaghetti
20 g parmigiano grattugiato
4 uova grandi
100 g latte intero
20 g pecorino romano grattugiato
130 g prosciutto cotto a cubetti
10 g olio extravergine d'oliva
Rosmarino secco
Aglio in polvere
Pepe q.b.

PROCEDIMENTO

Cuocere al dente gli spaghetti in acqua salata. Nel frattempo, mescolare latte, pecorino, uova, prosciutto, parmigiano, sale, pepe e spezie in una fondina. Scolare la pasta, rimetterla nella pentola, aggiungere l'olio e mescolare. Unire il resto degli ingredienti ed amalgamare il tutto. Preriscaldare la friggitrice ad aria a 200°. Ungere una teglia con l'olio d'oliva e versare il composto di spaghetti. Cuocere per 12 minuti a 200° e altri 4-5 minuti a 180° o fino a doratura. Servire calda. Conservare in frigorifero coperta con pellicola per massimo 4 giorni.

Kcal 399 | C 45,8 g | P 23,7 g | G 12,9 g |

4 porz.
10 min
20 min
180°-200°

CASERECCE ALLA NORMA

INGREDIENTI

320 g caserecce (pasta)
700 g salsa di pomodoro
100 g ricotta salata
150 g provola affumicata
700 g melanzane
50 g cipolla
40 g olio extravergine d'oliva
7 foglie di basilico
1 spicchio d'aglio
1 pizzico di origano
Sale e pepe q.b.

PROCEDIMENTO

Tritare la cipolla e l'aglio. Rosolare la cipolla e l'aglio in una padella con un filo d'olio per 2 minuti. Aggiungere la salsa, l'origano, il basilico, il sale e il pepe e cuocere a fiamma medio bassa per circa 10 minuti con coperchio. Rimuovere il coperchio e cuocere per altri 5 minuti. Tagliare a fettine spesse circa mezzo centimetro, 200 g di melanzana per il lungo. Il resto della melanzana tagliarla a dadini. Spennellare le fettine di melanzane con un po' d'olio ed aggiungere il resto alle melanzane a dadini. Salare e pepare e cuocere in friggitrice ad aria a 180° lasciando le fettine di melanzana "in piedi" ma separate tra loro. Cuocere per 10 minuti, mescolando le melanzane a dadini a metà cottura. Nel frattempo, portare a bollore una pentola d'acqua salata e scolarla circa 3 minuti prima del tempo di cottura indicata sulla confezione. Tritare la provola e grattugiare la ricotta salata. Mettere in una ciotola la pasta scolata, il sugo, le melanzane a cubetti, la ricotta salata e metà della provola. Mescolare per bene e versare il tutto in una pirofila. Distribuire la provola avanzata e cuocere in friggitrice ad aria per 10 minuti circa o fino non si è formata una crosticina sulla superficie. Servire con basilico fresco.

Kcal 613 | C 74,8 g | P 27,1 g | G 23,7 g |

4 porz.
25 min
30 min
200°

PASTA PASTICCIATA

INGREDIENTI

400 g mezze maniche
800 g salsa di pomodoro
100 g asiago DOP
100 g caciotta
100 g scamorza
150 g prosciutto cotto
40 g grana grattugiato
3 uova
100 g cipolla
10 g olio extravergine d'oliva
Basilico fresco
1 spicchio d'aglio
1 pizzico di origano
1 pizzico di peperoncino
Sale e pepe q.b.

PROCEDIMENTO

Cuocere le mezze maniche al dente e le uova sode. Tagliare l'asiago, la caciotta e la scamorza a cubetti e a fettine la cipolla. Mettere la pasta nella pirofila, aggiungere la salsa, l'olio, la cipolla a fette, il prosciutto cotto spezzettato, le uova a fettine, i formaggi a cubetti e le spezie. Mescolare per bene. Distribuire il grana grattugiato sulla superficie e cuocere in friggitrice ad aria a 200° per 15 minuti o fino a quando non si è formata una crosticina sulla superficie.

Kcal 558 | C 54,8 g | P 30,5 g | G 23,1 g |

6 porz.
15 min
25 min
200°

LASAGNE CON RADICCHIO E GORGONZOLA

INGREDIENTI

450 g lasagne fresche all'uovo
500 g radicchio trevigiano
500 g besciamella
150 g gorgonzola
120 g pancetta affumicata a cubetti
20 g olio extravergine d'oliva
70 g grana grattugiato
50 g scalogno
30 g vino rosso
Un pizzico di pepe bianco
Un pizzico di pepe nero
Sale q.b.

PROCEDIMENTO

Lavare il radicchio e tagliarlo a listarelle. Tagliare a fettine lo scalogno. Scaldare una pentola con un 10 g d'olio e soffriggere lo scalogno per qualche minuto. Aggiungere la pancetta, sale e pepe e rosolare per 3 minuti. Sfumare col vino e aggiungere anche il radicchio e cuocere per 5 minuti, mescolando di tanto in tanto. Mettere sul fondo della pirofila uno strato di besciamella. Adagiare poi uno strato di sfoglie fresche, ancora besciamella, radicchio e pancetta, grana grattugiato e gorgonzola spezzettato. Proseguire in questo ordine fino a terminare gli ingredienti. Terminare con una spolverata di grana e olio a filo sulla superficie. Cuocere a 180° per 15 minuti. Far intiepidire prima di servire.

Kcal 490 | C 55,2 g | P 23,8 g | G 27,7 g |

6 porz.
15 min
20 min
180°

ZUCCHINE RIPIENE DI RISO E FETA

INGREDIENTI

800 g zucchine
2 uova medie
200 g riso parboiled
50 g grana grattugiato
100 g feta greca
50 g cipolla bianca
20 g latte intero
30 g olio extravergine d'oliva
10 g prezzemolo tritato
Un pizzico di origano
Un pizzico di timo fresco
Sale e pepe q.b.

PROCEDIMENTO

Cuocere il riso al dente. Lavare e mondare le zucchine. Tagliarle a metà per il lungo e cuocerle in friggitrice ad aria a 180° per 5 minuti. Rimuovere la polpa delle zucchine con un cucchiaio, prestando attenzione a non rompere la buccia. Mettere il riso in una ciotola, dopo averlo scolato e fatto intiepidire. Sminuzzare la cipolla e tagliare a tocchetti la feta. Aggiungere al riso, 20 g di olio, cipolla tritata, la feta greca, un pizzico di pepe, uova, 30 g di grana grattugiato, il latte, il prezzemolo e la polpa tritata delle zucchine e mescolare il tutto per bene. Preriscaldare la friggitrice ad aria a 180°. Riempire le zucchine e compattare il ripieno con le mani. Distribuire il grana rimasto sulla superficie e mettere le zucchine nel cestello della friggitrice ad aria. Spruzzare con l'olio rimasto e cuocere in friggitrice ad aria per 13 minuti. Servire calde o fredde. Conservare in frigo per massimo 3 giorni in un contenitore chiuso.

Kcal 429 | C 44,8 g | P 17,8 g | G 19,1 g |

4 porz.
20 min
20 min
180°

CANNELLONI DI RICOTTA E SPINACI

INGREDIENTI

250 g cannelloni
300 g spinaci surgelati
250 g ricotta vaccina
1 uovo medio
50 g grana grattugiato
400 g besciamella
20 g pangrattato
10 g olio extravergine d'oliva
Aglio in polvere
Un pizzico di noce moscata
Sale e pepe q.b.

PROCEDIMENTO

Cuocere al dente i cannelloni in abbondante acqua bollente e salata. Scolarli e metterli su un canovaccio. Scongelare gli spinaci in padella con un filo d'olio per 10 minuti, senza coperchio, fino a quando non si saranno completamente scongelati e avranno perso l'acqua di cottura. Tritare gli spinaci ed aggiungere la ricotta, l'uovo, 40 g di grana grattugiato, sale e pepe, aglio in polvere e noce moscata. Mescolare il tutto fino ad ottenere un composto omogeneo. Riempire i cannelloni col composto di ricotta e spinaci. Mettere sul fondo di una pirofila un po' di besciamella. Mettere i cannelloni ripieni vicini l'uno con l'altro fino a coprire tutta la pirofila. Distribuire la besciamella rimasta, il pangrattato, il grana rimasto e spruzzare con l'olio. Coprire con carta stagnola bucherellata e cuocere in friggitrice ad aria a 200° per 15 minuti. Rimuovere la carta stagnola e cuocere a 170° per altri 10 minuti o fino a quando la superficie non risulterà dorata. Far riposare prima di servire. Conservare in frigo coperto con pellicola per massimo 3 giorni oppure congelare.

Kcal 618 | C 65,5 g | P 26,4 g | G 27,5 g |

4 porz.
20 min
35 min
170°-200°

PACCHERI FILANTI RIPIENI DI SALSICCIA E ZUCCA

INGREDIENTI

200 g paccheri
400 g zucca
300 g salsiccia mista
100 g scamorza
100 g cipolla
250 g latte parzialmente scremato
20 g farina 00
20 g burro
10 g olio extravergine d'oliva
10 g parmigiano grattugiato
1 spicchio d'aglio
1 ramoscello di rosmarino
Noce moscata
Brodo di carne q.b.
Sale e pepe q.b

PROCEDIMENTO

Tagliare a cubetti la zucca e tritare la cipolla. Scaldare una padella con un filo d'olio, l'aglio e la cipolla per un paio di minuti. Aggiungere la zucca, il rametto di rosmarino e cuocere a fiamma media per un paio di minuti. Aggiungere la salsiccia privata del budello e fatta a pezzi e soffriggere per un paio di minuti. Aggiungere un po' di brodo di manzo e continuare la cottura a fiamma media con coperchio per 15 minuti, mescolando di tanto in tanto. Nel frattempo, sciogliere in un tegame il burro, unire la farina e mescolare con la frusta. Lasciar cuocere a fiamma bassa per un paio di minuti, continuando a mescolare. Unire il latte a filo e mescolare con la frusta, fino a raggiungere il bollore. Trascorsi due minuti dal bollore, togliere dal fuoco, aggiungere la noce moscata ed un pizzico di sale. In una ciotola mettere la zucca e la salsiccia; schiacciare un po' la zucca con la forchetta, aggiungere il parmigiano e mescolare. Riempire i paccheri con il composto di zucca. All'interno di una pirofila versare un po' di besciamella, poi i paccheri e ancora besciamella e scamorza a tocchetti. Cuocere in friggitrice ad aria a 180° per 15 minuti. Servire caldo.

Kcal 559 | C 47 g | P 30,4 g | G 23,7 g |

4 porz.

10 min

35 min

180°

SECONDI DI CARNE

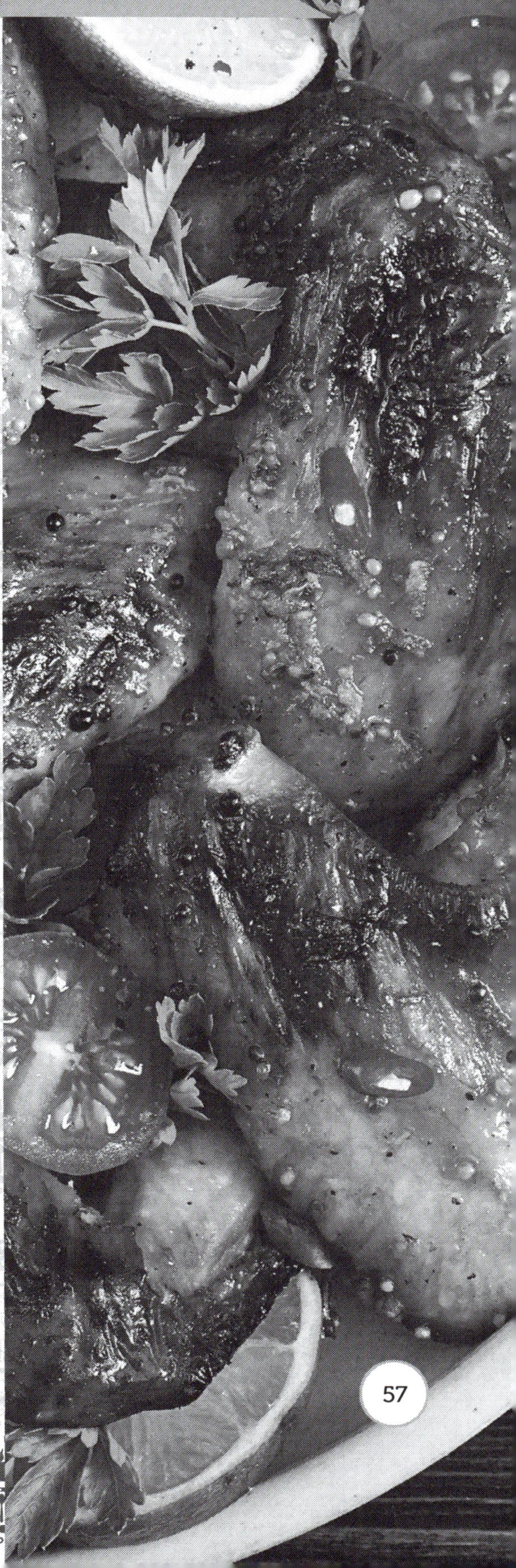

ROTOLO DI CARNE RIPIENO DI FONTINA, PROSCIUTTO E SPINACI

INGREDIENTI

700 g carne macinata mista
150 g pangrattato
70 g parmigiano grattugiato
2 uova grandi
150 g fontina
150 g spinaci surgelati
100 g prosciutto cotto
150 g mozzarella grattugiata
10 g olio extravergine d'oliva
30 g vino bianco
Prezzemolo tritato
Insaporitore per carne
1 spicchio d'aglio
Latte q.b.
Sale e pepe q. b.

PROCEDIMENTO

Scongelare gli spinaci in microonde oppure in un pentolino. Mettere gli spinaci in un bicchiere lungo, aggiungere l'aglio e 5 g di olio e frullare fino ad ottenere un composto liscio ed omogeneo. In una ciotola unire la carne macinata, il pangrattato, il parmigiano, le uova e le spezie. Impastare con le mani. Aggiungere un po' di latte se l'impasto dovesse risultare troppo duro. Stendere il composto in una teglia rettangolare coperta con carta da forno. Distribuire la fontina a fette, il prosciutto, gli spinaci frullati e la mozzarella tritata. Arrotolare su se stesso il rotolo, con l'aiuto della carta da forno. Preriscaldare la friggitrice ad aria 200°. Spennellare il rotolo con l'olio rimasto e insaporitore per carne. Cuocere per circa 10 minuti. Irrorare con il vino, girare il rotolo e cuocere per altri 15 minuti. Servire a fette.

Kcal 504 | C 14,6 g | P 36,5 g | G 31,5 g

8 porz.

15 min

25 min

200°

SOVRACOSCE DI POLLO SPEZIATE AL LIMONE

INGREDIENTI

500 g sovracosce di pollo
10 g olio extravergine d'oliva
20 g vino bianco
Insaporitore per carne
1 limone (succo e scorza grattugiata)
Aglio in polvere
Rosmarino in polvere
Paprika piccante e dolce
Sale e pepe q.b.

PROCEDIMENTO

Mettere in una teglia le sovracosce di pollo. Versarci sopra il vino, il succo di limone, l'olio, la scorza grattugiata del limone e massaggiare il pollo con le mani. Distribuire le spezie e lasciar marinare per 30 minuti fuori dal frigo, cambiando lato dopo 15 minuti. Preriscaldare la friggitrice ad aria a 180° per 5 minuti. Mettere le sovracosce di pollo nel cestello della friggitrice, versare sopra il sughetto della marinatura e cuocere a 180° per 20 minuti. Cambiare lato e cuocere per altri 20 minuti. Servire calde.

Kcal 239 | C 1,4 g | P 30,1 g | G 12,6 g

4 porz.

5 min + 30 min marinatura

40 min

180°

HAMBURGER RIPIENO DI FORMAGGIO

INGREDIENTI

300 g macinato misto di manzo
30 g parmigiano grattugiato
100 g caciotta o provola
Insaporitore per carne
Prezzemolo tritato
Sale e pepe q.b.

PROCEDIMENTO

In una ciotola unire il macinato misto, il parmigiano e le spezie. Impastare con le mani fino ad amalgamare tutti gli ingredienti. Mettere sul fondo del cestello un po' di acqua. Preriscaldare la friggitrice ad aria a 200°. Schiacciare il composto di macinato su un piano di lavoro. Ricavare 4 dischi di macinato con un coppa pasta. Mettere al centro di due dischi la caciotta a fette e coprire ognuno con l'altro disco. Pressare per bene e chiudere il tutto. Cuocere in friggitrice ad aria 5 minuti per lato. Servire caldo.

Kcal 544 | C 0,7 g | P 40,5 g | G 42,2 g

2 porz.
10 min
10 min
200°

POLLO E FUNGHI CROCCANTI

INGREDIENTI

400 g straccetti di pollo
300 g champignon a fette
30 g pangrattato
20 g grana grattugiato
30 g olio extravergine d'oliva
Prezzemolo tritato
Sale e pepe q.b.

PROCEDIMENTO

Mettere tutti gli ingredienti in una ciotola e mescolare. Mettere il tutto nel cestello della friggitrice ad aria e cuocere per 20 minuti a 200°, scuotendo il cestello un paio di volte. Servire caldi.

Kcal 456 | C 12,9 g | P 57 g | G 18,5 g

2 porz.
5 min
20 min
200°

SALSICCIA E FRIARIELLI

INGREDIENTI

200 g salsiccia di suino
200 g friarielli surgelati
40 g vino bianco
30 olio extravergine d'oliva
3 spicchi d'aglio
Peperoncino
Sale e pepe

PROCEDIMENTO

Preriscaldare la friggitrice ad aria a 180°. Unire in una ciotola tutti gli ingredienti e mescolare per bene. Metterli in una pirofila e cuocere per 25 minuti, mescolando un paio di volte durante la cottura. Servire caldi.

Kcal 461 | C 3,4 g | P 18 g | G 40,3 g

2 porz.
5 min
20 min
180°

UOVA E SALSICCIA ALLA CONTADINA

INGREDIENTI

400 g patate
240 g salsiccia mista
8 uova medie
200 g cipolle
10 g olio extravergine d'oliva
Prezzemolo tritato
Insaporitore per carne
Sale e pepe q.b.

PROCEDIMENTO

Sbucciare le patate e tagliarle a spicchi. Immergerle in una ciotola piena d'acqua fredda. Nel frattempo, tagliare a fettine la cipolla e rimuovere il budello alla salsiccia; sgranarla con le mani. Asciugare le patate con carta assorbente e metterle in una ciotola con le spezie e l'olio; mescolare. Mettere le patate in una pirofila e cuocere in friggitrice ad aria a 180° per 15 minuti. Aggiungere alle patate, la salsiccia sgranata e la cipolla. Cuocere per altri 5 minuti ed infine aggiungere le uova; salare e pepare. Cuocere per altri 6 minuti. Servire calde con una sparpagliata di prezzemolo tritato. Conservare in frigo in un contenitore chiuso per massimo 2 giorni.

Kcal 434 | C 24,7 g | P 28,6 g | G 24,2 g

4 porz.
10 min
10 min
180°

COSCETTE DI POLLO ALLA MEDITERRANEA

INGREDIENTI

400 g cosce di pollo (compresi gli scarti)
200 g patate
100 g pomodorini
20 g olio extravergine d'oliva
50 g olive nere
50 g vino bianco
Capperi sotto sale
Origano secco
Aglio in polvere
Mix di spezie per carne
Paprika dolce
Un rametto di rosmarino
Sale e pepe q.b.

PROCEDIMENTO

Sbucciare le patate e tagliarle a tocchetti. Sciacquarle sotto l'acqua corrente ed asciugarle. Metterle in una ciotola con le spezie e mescolare. Sciacquare le cosce di pollo, tamponarle e cospargerle di spezie. Massaggiare un po' le cosce e metterle in un'altra ciotola; cospargerle col vino e lasciar marinare per un'ora in frigo. Preriscaldare la friggitrice ad aria a 190°. Tagliare a metà i pomodorini. Unirli alle patate con l'olio, le olive, i capperi e mescolare per bene. Mettere sulla grata del cestello le patate e sopra le coscette di pollo. Cuocere per 45 minuti, girando le cosce in modo da permettere una cottura uniforme. Servire caldo.

Kcal 415 | C 19,4 g | P 29,8 g | G 23,6 g

2 porz.
15 min + 60 min riposo
45 min
190°

COSTINE IN SALSA BBQ

INGREDIENTI

300 g baffa di costine di maiale
100 g vino bianco
100 g salsa barbecue
5 g olio extravergine d'oliva
Aglio in polvere
Insaporitore per carne
Paprika dolce
Rosmarino secco
Sale e pepe q. b.

PROCEDIMENTO

Mettere la baffa di costine in un contenitore grande. Aggiungere il vino bianco, le spezie e massaggiare la carne. Lasciar marinare le costine per un'ora. Preriscaldare la friggitrice ad aria a 170°. Unire la salsa barbecue all'olio e alle spezie e distribuire sulla baffa. Cuocere per 20 minuti. Spennellare ancora con il composto di salsa barbecue e girare dall'altro lato; cuocere ancora per 15 minuti a 160°: Tagliare la baffa e servire le costine.

Kcal 347 | C 3,1 g | P 15,5 g | G 25,7 g

2 porz.

10 min + 60 min riposo

35 min

160°

ALETTE DI POLLO MARINATE ALLA GRECA

INGREDIENTI

300 g alette di pollo
100 g yogurt greco 5%
160 g latte intero
10 g olio extravergine d'oliva
40 g pangrattato
Paprika dolce
Rosmarino secco
Aglio in polvere
Sale e pepe q. b.

PROCEDIMENTO

In un'ampia ciotola mescolare il latte, lo yogurt greco e le spezie. Immergere le alette di pollo e far marinare per un'ora circa, girandole dall'altro lato, dopo mezz'ora. Massaggiare un po' le alette con il misto di latte e yogurt. Preriscaldare la friggitrice ad aria a 170°. Unire il pangrattato alle spezie. Passare le alette nel pangrattato, spruzzare con dell'olio a spray e cuocere per 25 minuti, girandole a metà cottura. Servire accompagnate a salse.

Kcal 425 | C 19,6 g | P 32,9 g | G 23,1 g

2 porz.

5 min + 60 min marinatura

25 min

170°

COTOLETTE AGLI SPINACI

INGREDIENTI

300 g macinato di tacchino
300 g macinato di pollo
400 g spinaci surgelati
150 g fiocchi di mais
20 g olio extravergine d'oliva
Sale e pepe q. b.

PROCEDIMENTO

Scongelare gli spinaci e strizzarli per bene. Frullare in un mixer il macinato con gli spinaci, sale e pepe. Dare la forma di 6 cotolette. Tritare grossolanamente i fiocchi di mais. Passare nei fiocchi di mais tritati le spinacine da tutti i lati. Spruzzare l'olio sulle cotolette. Preriscaldare la friggitrice ad aria a 190° per un paio di minuti. Cuocere per 10 minuti per lato. Servire calde.

Kcal 321 | C 27 g | P 26,3 g | G 11,2 g

6 porz.

10 min

20 min

190°

ARROSTO DI TACCHINO ALLE ERBE CON CRUDO E ASIAGO

INGREDIENTI

500 g fesa di tacchino
100 g prosciutto crudo
100 g Asiago DOP
100 g vino bianco
100 g brodo di carne
20 g olio extravergine d'oliva
3 spicchi d'aglio
1 mazzetto salvia
1 mazzetto di rosmarino
1 mazzetto di prezzemolo
Insaporitore per carne
Sale e pepe q. b.

PROCEDIMENTO

Tritare le erbe aromatiche in un mixer. Preriscaldare la friggitrice ad aria a 180°. Appiattire la carne con un batticarne. Distribuire le fette di prosciutto crudo, l'asiago a fette e il mix di erbe aromatiche. Arrotolare su se stesso e richiudere con uno spago da cucina. Cuocere nel cestello della friggitrice ad aria per 10 minuti. Successivamente, trasferire il rotolo in una teglia e cospargere il rotolo di vino bianco e brodo di carne. Continuare la cottura per altri 30 minuti, girando dall'altro lato il rotolo e bagnandolo col sughetto, di tanto in tanto. Servire con il sughetto.

Kcal 337 | C 0,4 g | P 42,3 g | G 18 g

4 porz.
15 min
40 min
180°

FILETTO DI VITELLO AL PEPE VERDE

INGREDIENTI

300 g filetto di vitello
180 g panna fresca
20 g vino rosso
10 g olio extravergine d'oliva
2 cucchiai di pepe verde
Rosmarino secco
Sale q. b.

PROCEDIMENTO

Preriscaldare la friggitrice ad aria a 180°. Sciacquare i filetti e tamponarli con la carta assorbente. Distribuire sul filetto il rosmarino secco, 1 cucchiaio di pepe verde, l'olio e il vino, pressando un po' con le mani. Cuocere per 6 minuti, girando il filetto a metà cottura. Rimuovere il filetto e coprirlo con un foglio di carta stagnola. Nel frattempo, rimuovere la grata del cestello e versare la panna, il pepe rimasto ed un pizzico di sale. Mescolare il tutto e far addensare per circa 3-4 minuti, mescolando ad ogni minuto. Servire il filetto di vitello con la salsa al pepe verde.

Kcal 559 | C 3,4 g | P 32,7 g | G 43,5 g

2 porz.
10 min
9 min
180°

CONIGLIO ARROSTO CON CARCIOFI E POMODORINI

INGREDIENTI

200 g di coniglio a pezzi
200 g cuori di carciofi
100 g vino bianco
50 g succo di limone 100%
100 g pomodorini
40 g olio extravergine d'oliva
2 rametti di rosmarino
2 spicchi d'aglio
4 foglie di salvia
1 foglia di alloro
1 cucchiaio di prezzemolo tritato
1 cucchiaino di maggiorana secca
Sale e pepe q.b.

PROCEDIMENTO

Sciacquare i pezzi di coniglio. Tamponarle con carta assorbente. Tritare l'aglio e le spezie. Cospargere il coniglio con l'aglio, il trito di spezie, sale e pepe. Aggiungere il vino, il succo di limone e 30 g di olio. Massaggiare con le mani il coniglio. Lasciar marinare per un'ora in frigo. Preriscaldare la friggitrice ad aria a 160°. Mettere il coniglio in una teglia ricoperta con carta da forno, carciofi surgelati e pomodorini tagliati a metà. Spennellare il coniglio con l'olio rimasto e cuocere per 20 minuti. Girare coniglio a metà cottura. Cuocere a 180° per altri 10 minuti, girando nuovamente a metà cottura. Servire.

Kcal 383 | C 5,8 g | P 23,3 g | G 22,6 g

2 porz.
10 min + 60 min riposo
30 min
180°

COSTOLETTE DI AGNELLO ALLA SCOTTADITO CON EMULSIONE ALLA MENTA

INGREDIENTI

300 g costolette di agnello (compresi gli scarti)
100 g succo di limone 100%
100 g menta fresca
50 g olio extravergine d'oliva
30 g vino bianco
2 rametti di rosmarino
2 cubetti di ghiaccio
Insaporitore per carni
Aglio in polvere
Sale e pepe

PROCEDIMENTO

Tirare fuori dal frigo le costolette per almeno 30 minuti. Tamponare con carta assorbente. Unire insieme 50 g di succo del limone, il vino e le spezie. Massaggiare un po' la carne e lasciar marinare per 30 minuti, girando dall'altro lato dopo 15 minuti. Spennellare le costolette con 20 g di l'olio d'oliva e le spezie. Preriscaldare la friggitrice ad aria a 200° e cuocere per 20 minuti. A metà cottura bagnare le costolette con il liquido della marinatura e girarle dall'altro lato. Tirare fuori le costolette dal cestello della friggitrice ad aria e richiuderle nella carta stagnola per un paio di minuti. Nel frattempo, in un bicchiere alto unire la menta, sale e pepe, l'olio e il succo di limone rimasti con i cubetti di ghiaccio e frullare fino ad ottenere una salsina. Servire le costolette di agnello con emulsione alla menta.

Kcal 354 | C 3,4 g | P 22,4 g | G 25,6 g

2 porz.
10 min + 60 min riposo
20 min
190°

TAGLIATA DI MANZO CON RUCOLA, GRANA E SCAGLIE DI MANDORLE

INGREDIENTI

600 g controfiletto di manzo
40 g grana in scaglie
20 g scaglie di mandorla
400 g rucola
60 g olio extravergine d'oliva
Succo di limone
1 rametto di rosmarino
Insaporitore per carne
Sale e pepe q.b.

PROCEDIMENTO

Tirare fuori dal frigo il controfiletto di manzo almeno 30/40 minuti prima. Preriscaldare la friggitrice ad aria a 180°. Tamponare la carne con carta assorbente. Distribuire l'olio, le spezie e massaggiare per un paio di minuti la carne. Per una cottura al sangue, posizionare il controfiletto nel cestello della friggitrice ad aria e cuocere per 9 minuti. Girare il filetto dall'altro salto e proseguire la cottura per altri 9 minuti. Al termine della cottura avvolgere il pezzo di carne in un foglio di alluminio e richiudere. Lasciare riposare cosi per 5 minuti. Nel frattempo distribuire in un piatto da portata la rucola. Tagliare a fette la tagliata, cospargere con l'olio rimasto, il succo di limone, le scaglie di grana e le scaglie di mandorle. Servire.

Kcal 535 | C 4,2 g | P 37,6 g | G 38,4 g

4 porz.
10 min + 30/40 min riposo
18 min
180°

POLLO ALLE MANDORLE

INGREDIENTI

200 g straccetti o bocconcini di pollo
100 g germogli di bambù
50 g mandorle pelate
40 g olio di semi di girasole
100 g cipolla bianca
2 cucchiai di salsa di soia
10 g fecola di patate
150 g circa di brodo di carne
20 g vino bianco
Pepe q.b.
Erba cipollina

PROCEDIMENTO

PROCEDIMENTO
Sciacquare gli straccetti di pollo. Unire in una ciotola il brodo di manzo, il vino, la salsa di soia, la fecola di patate, l'olio di girasole, gli straccetti di pollo e lasciar marinare per 10 minuti. Preriscaldare la friggitrice ad aria a 180°, rimuovendo la grata alla base. Tostare le mandorle per un paio di minuti. Sminuzzare la cipolla e mettere tutti gli ingredienti nella friggitrice ad aria, compreso il liquido della marinatura. Cuocere per 10 minuti, mescolando di tanto in tanto ed aggiungere ancora brodo se necessario. Servire con una sparpagliata di erba cipollina.

Kcal 459 | C 10,6 g | P 30,6 g | G 33,5 g

2 porz.
10 min
10 min
180°

FRITTATA DI ZUCCHINE, GORGONZOLA E SPECK

INGREDIENTI

4 uova medie
500 g zucchine
50 g pecorino romano
30 g pangrattato
30 g olio extravergine d'oliva
100 g gorgonzola
100 g stick di speck
Erba cipollina
Sale e pepe q.b.

PROCEDIMENTO

Grattugiare le zucchine e il pecorino. Preriscaldare la friggitrice ad aria a 200°. Tagliare a tocchetti il gorgonzola. Unire tutti gli ingredienti in una ciotola, ad eccezione di 20 g di olio e mescolare fino ad ottenere una consistenza omogenea. Mettere il composto in una tortiera foderata con carta da forno unta con un po' di olio. Distribuire a filo l'olio rimasto sulla superficie della frittata e cuocere per 15 minuti. Servire calda.

Kcal 376 | C 7,9 g | P 25,8 g | G 26,2 g

4 porz.
10 min
15 min
200°

PETTO DI POLLO ALLA PIZZAIOLA CON MOZZARELLA

INGREDIENTI

300 g petto di pollo a fettine sottilissime
60 g mozzarella grattugiata
80 g salsa di pomodoro
40 g scamorza affumicata
10 g olio extravergine d'oliva
1 pizzico di origano
Aglio in polvere
Basilico fresco
Paprika piccante
Sale e pepe q.b.

PROCEDIMENTO

In una ciotola unire la polpa di pomodoro, 5 g di olio, aglio in polvere, basilico spezzettato, origano, paprika, sale, pepe e mescolare. Grattugiare la scamorza ed unirla alla mozzarella grattugiata. Mettere le fettine di pollo su una teglia, precedentemente unta. Distribuire la salsa di pomodoro e successivamente la mozzarella e scamorza grattugiata. Cuocere in friggitrice ad aria a 180° per 10 minuti. Servire e consumare subito.

Kcal 372 | C 2,7 g | P 47,3 g | G 18,4 g

2 porz.
5 min
10 min
180°

PETTO DI POLLO CROCCANTE CON SALSA ALLO YOGURT

INGREDIENTI

400 g petto di pollo a fettine
100 g corn flakes
1 uovo grande
10 g latte intero
100 g yogurt greco 5%
80 g maionese
20 g senape piccante
1 cucchiaino di succo di limone
Aglio in polvere
Timo secco
1 cucchiaino di paprika affumicata
1 cucchiaino di erba cipollina tritata
1 pizzico di rosmarino
Sale e pepe q.b.

PROCEDIMENTO

In una ciotola unire yogurt greco, maionese, senape, limone e spezie tranne la paprika. Mescolare e far riposare in frigo. Mettere i corn flakes in un sacchettino trasparente e tritarli grossolanamente con il mattarello. Metterli in una ciotola ed aggiungere la paprika, sale e pepe e mescolare. Sbattere l'uovo con poco sale e il latte. Passare le fettine di pollo prima nell'uovo sbattuto e successivamente, nei corn flakes, premendo un po' con le mani. Spruzzare le fettine con l'olio da ambo i lati. Preriscaldare la friggitrice ad aria per 5 minuti e cuocere il pollo a 180° per 12 minuti, rigirandolo a metà cottura. Servire le fettine di pollo accompagnate dalla salsa allo yogurt. Consumare subito.

Kcal 386 | C 21,9 g | P 29,5 g | G 19,7 g

24 porz.
15 min
12 min
180°

SALSICCIA, PATATE E SCAMORZA

2 porz.
15 min
17 min
200°

INGREDIENTI

300 g patate
250 g salsiccia luganega
200 g zucca
50 g scamorza
20 g pangrattato
Rosmarino secco
Origano secco
Sale e pepe q.b.

PROCEDIMENTO

Sbucciare le patate e tagliarle a spicchi. Sbucciare la zucca e tagliarla a tocchetti. Sciacquare per bene sotto l'acqua corrente le patate e metterle da parte. Tagliare a tocchetti la salsiccia. Unire in una ciotola, tutti gli ingredienti, ad eccezione della scamorza. Preriscaldare la friggitrice ad aria per qualche minuto a 200°. Mettere gli ingredienti su carta da forno e cuocere per 10 minuti. Nel frattempo, grattugiare la scamorza. Aggiungere la scamorza al resto degli ingredienti, mescolare e cuocere ancora per 7 minuti. Servire.

Kcal 580 | C 38,4 g | P 31,5 g | G 34 g

POLPETTE DI CARNE AL SUGO COME DA TRADIZIONE

INGREDIENTI

600 g carne macinata mista
50 g pane raffermo
50 g grana grattugiato
1 uovo grande
30 g latte intero
30 g olio extravergine d'oliva
1 lt salsa di pomodoro
Basilico fresco
Origano secco
1 spicchio d'aglio
Prezzemolo tritato
Insaporitore per carne
Sale e pepe q.b.

PROCEDIMENTO

Mettere in ammollo il pane raffermo nel latte. In una padella rosolare l'aglio con un po' d'olio per un minuto. Aggiungere la salsa di pomodoro, sale, pepe, origano e far cuocere per 20 minuti a fiamma media. In una ciotola unire la carne macinata, l'uovo, il pane raffermo strizzato, il grana grattugiato, insaporitore per carne, prezzemolo, sale e pepe. Impastare con le mani fino ad ottenere un composto omogeneo. Formare delle polpette e spennellarle con l'olio. Preriscaldare la friggitrice ad aria a 180°. Posizionare le polpette sul cestello e cuocere per 7 minuti. Mettere in una pirofila il sugo, aggiungere le polpette, cospargerle col sugo. Cuocere per altri 5 minuti a 200°. Servire con basilico fresco.

Kcal 399 | C 16 g | P 25,3 g | G 26,4 g

6 porz.
10 min
32 min
180°

ROASTBEEF

INGREDIENTI

500 g girello o magatello di manzo
100 g vino bianco
40 g senape piccante
15 g olio extravergine d'oliva
4 rametti di rosmarino
4 foglie di alloro
Aglio in polvere
Pepe in grani
Insaporitore per carne
Sale q.b.

PROCEDIMENTO

Distribuire senape, olio e spezie sulla carne; massaggiarla per circa 10 minuti. Preriscaldare la friggitrice ad aria per 5 minuti a 200°. Cuocere per 10 minuti, irrorare il pezzo di carne con il vino e girare dall'altro lato e continuare la cottura per altri 10 minuti. Togliere il pezzo di carne dalla friggitrice ad aria, richiuderlo con la carta stagnola e farlo raffreddare così. Servire tagliato a fette, condito con olio d'oliva o maionese.

Kcal 203 | C 0,8 g | P 27,2 g | G 7,6 g

4 porz.
13 min
20 min
200°

POLPETTONE CON CUORE DI BRIE E SPINACI IN CROSTA DI PASTA BRISÈE

INGREDIENTI

230 g pasta brisée
400 g carne macinata mista
50 g grana grattugiato
1 uovo grande
100 g brie
150 g spinaci surgelati
1 tuorlo
½ cucchiaino di aglio in polvere
1 cucchiaino di rosmarino secco
½ cucchiaino di paprika dolce
½ cucchiaino di insaporitore per carni
Prezzemolo tritato
Sale e pepe q. b.

PROCEDIMENTO

Scongelare gli spinaci in microonde e sminuzzarli con un coltello. Unire in una ciotola la carne macinata, il grana grattugiato, l'uovo, spezie e mescolare fino ad ottenere un composto omogeneo. Dare la forma rettangolare all'impasto, distribuire al centro gli spinaci, il brie e richiudere, dando la forma di polpettone. Avvolgerlo nella pasta brisée. In una tazzina unire il tuorlo con l'insaporitore per carne e mescolare. Spennellare con il tuorlo la pasta brisée e cuocere in friggitrice ad aria preriscaldata a 180° per 25 minuti, girando il polpettone a metà cottura. Servire a fette.

Kcal 424 | C 16,1 g | P 22,3 g | G 29,7 g

6 porz.
15 min
25 min
180°

ZUCCA RIPIENA

INGREDIENTI

1 zucca tonda da 1,3 kg (al netto degli scarti 1,1 kg)
450 g macinato di tacchino
50 g parmigiano grattugiato
40 g pecorino grattugiato
100 g mozzarella grattugiata
10 g olio extravergine d'oliva
2 uova medie
1 cucchiaino di cipolla e aglio in polvere
1 cucchiaino di insaporitore per carne
Sale e pepe q.b.

PROCEDIMENTO

Lavare molto bene la zucca. Tagliare la zucca intorno al picciolo in modo da formare una fessura. Attraverso la fessura, scavare la zucca con un cucchiaio ed eliminare i semi ed i filamenti. Spruzzare un po' d'olio all'interno della zucca e metterla da parte. Unire tutti gli altri ingredienti in una ciotola e mescolare. Inserire il ripieno all'interno della zucca, richiudere con la parte superiore e cuocere in friggitrice ad aria a 200° per 50 minuti. Servire calda e a fette. Conservare in frigorifero in un contenitore chiuso per massimo 3 giorni oppure congelare.

Kcal 455 | C 11,8 g | P 42,5 g | G 26,5 g

4 porz.
20 min
50 min
200°

SECONDI DI PESCE

FILETTI DI SALMONE CON CARCIOFI ALLA MEDITERRANEA

INGREDIENTI

800 g filetti di salmone
300 g pomodorini
200 g cuori di carciofi surgelati
50 g olive nere
30 g pangrattato
10 g olio extravergine d'oliva
½ cucchiaino di semi di finocchio
1 cucchiaio di capperi sotto sale
1 spicchio d'aglio
Un pizzico di origano
Prezzemolo tritato
Sale e pepe q.b.

PROCEDIMENTO

Tagliare a metà i pomodorini. Disporre in una pirofila tutti gli ingredienti ad eccezione dei filetti di salmone e del pangrattato e mescolare. Posizionare i filetti di salmone tra gli altri ingredienti e spruzzare un po' d'olio. Distribuire il pangrattato sulla superficie e cuocere in friggitrice ad aria a 200° per 15-20 minuti. Servire caldi.

Kcal 464 | C 11,3 g | P 39,6 g | G 28,4 g

4 porz.

5 min

15/20 min

200°

CALAMARI RIPIENI

INGREDIENTI

500 g calamari
50 g mollica di pane
50 g vino bianco
30 g parmigiano grattugiato
1 uovo grande
40 g olio extravergine d'oliva
6 filetti di acciughe sott'olio
Prezzemolo tritato
1 spicchio d'aglio
Sale e pepe q. b.

PROCEDIMENTO

Lavare e pulire i calamari sotto l'acqua corrente. Rimuovere i tentacoli e la parte interna dei calamari. Tagliare a pezzetti i tentacoli, tritare l'aglio e il prezzemolo. Scaldare una padella con 10 g di olio, l'aglio e il prezzemolo. Aggiungere subito i tentacoli. Sfumare con un po' di vino e cuocere per 3-4 minuti a fiamma viva. In una ciotola mescolare la mollica di pane spezzettata, con l'uovo, il parmigiano, 20 g di olio, ancora prezzemolo, acciughe e i tentacoli con il sughetto. Preriscaldare la friggitrice ad aria a 180°. Mescolare il tutto fino a formare un impasto omogeneo. Riempire i calamari per 3-4 e richiudere con uno stuzzicadenti. Mettere i calamari dentro una teglia, inondarli con il vino rimasto, aggiungere un pizzico di sale e pepe e spennellarli con l'olio. Cuocere per 20 minuti, girandoli a metà cottura. Servire con una sparpagliata di pepe e prezzemolo.

Kcal 281 | C 7,5 g | P 23,2 g | G 15,5 g

4 porz.

12 min

20 min

180°

TOTANI GRATINATI AL LIMONE

INGREDIENTI

500 g anelli di totano
30 g pangrattato
30 g olio extravergine d'oliva
1 limone
3 cucchiai di prezzemolo tritato
Sale e pepe q.b.

PROCEDIMENTO

Lavare e asciugare gli anelli di totano. Grattugiare la buccia del limone e spremerne il succo. Unire in una ciotola metà del succo di limone, la buccia grattugiata, l'olio d'oliva, un pizzico di sale e mescolare. Coprire con pellicola e lasciar riposare in frigo per mezz'ora. Unire il pangrattato al prezzemolo e ad un pizzico di pepe. Aggiungere ai totani e mescolare ancora. Spruzzare il cestello della friggitrice con un po' di olio e preriscaldarla a 200° per 3 minuti. Distribuire i totani su carta da forno e cuocere a 190° per 10 minuti, cambiando lato a metà cottura. Servire.

Kcal 393 | C 17,4 g | P 34 g | G 17,6 g

2 porz.
10 min + 30 min riposo
10 min
190°

PLATESSA ALLA MUGNAIA

INGREDIENTI

800 g di filetti di platessa
200 g latte intero
50 g burro chiarificato
80 g farina 00
20 g olio extravergine d'oliva
Succo di un limone
3 cucchiai di prezzemolo tritato
Sale e pepe q. b.

PROCEDIMENTO

Lavare e asciugare i filetti di platessa. Salare e pepare i filetti e metterli in una ciotola. Aggiungere il latte e far marinare i filetti per 30 minuti. Preriscaldare la friggitrice ad aria a 180°. Sciogliere il burro chiarificato. Passare i filetti nella farina, adagiarli su un piatto e spennellarli col burro chiarificato da una parte dall'altra e cuocerli in friggitrice ad aria per 12 minuti, girandoli a metà cottura. Unire il succo di limone, l'olio, il prezzemolo, un pizzico di sale e pepe e mescolare velocemente con un cucchiaino. Servire i filetti di platessa con l'emulsione di limone e prezzemolo.

Kcal 391 | C 17,4 g | P 36,7 g | G 19,6 g

4 porz.
10 min + 30 min riposo
12 min
180°

SEPPIOLINE CROCCANTI AL LIMONE

INGREDIENTI

250 g seppioline
60 g pangrattato
30 g olio extravergine d'oliva
1 limone (scorza e succo)
1 mazzetto di prezzemolo
Aglio in polvere
Sale e pepe q.b.

PROCEDIMENTO

Pulire le seppie togliendo all'interno la testa e lavarle per bene sotto l'acqua fredda. Separare i tentacoli dalla testa, asciugarli tamponando con una panno e mettere tutto in una ciotola. In un'altra ciotola unire tutti gli altri ingredienti, tenendo da parte 10 g di olio d'oliva e mescolare. Aggiungere il composto di pangrattato, mescolare e distribuire in una pirofila leggermente unta con olio. Spruzzare con l'olio rimasto e cuocere in friggitrice ad aria a 200° per 15 minuti, girandoli a metà cottura. Servire calde.

Kcal 337 | C 21,5 g | P 20,6 g | G 18,3 g

2 porz.
10 min
15 min
200°

POLPO ARROSTITO CON EMULSIONE AL LIMONE

INGREDIENTI

260 g polpo surgelato
20 g semi di sesamo
30 g olio extravergine d'oliva
Prezzemolo tritato
Succo di un limone
Aglio in polvere
Un pizzico di pepe

PROCEDIMENTO

Preriscaldare la friggitrice ad aria a 200°. Mettere in una ciotola il polpo surgelato, 10 g di olio e i semi di sesamo. Cuocere per 20 minuti, girandoli a metà cottura. Nel frattempo, tritare l'aglio e il prezzemolo. Unire l'olio rimasto, il limone, l'aglio, il prezzemolo e il pepe e mescolare velocemente fino ad ottenere un emulsione. Prima di togliere il polpo dalla friggitrice ad aria, assicurarsi che sia cotto, affondando una forchetta all'interno. Se affonda bene, vuol dire che è cotto; se fa fatica, non è ancora cotto. Servire il polpo con l'emulsione al limone.

Kcal 275 | C 2,7 g | P 18 g | G 19,6 g

2 porz.

10 min

35 min

200°

FRITTURA DI ANELLI DI TOTANO

INGREDIENTI

500 g anelli di totano freschi
50 g farina di semola
10 g olio extravergine d'oliva
Sale q. b.

PROCEDIMENTO

Lavare per bene ed asciugare gli anelli di totano, tamponando con un panno assorbente. Inserire in un sacchettino di plastica la farina di semola, gli anelli di totano e un pizzico di sale. Chiudere il sacchetto con la mano e shakerare per bene in modo che gli anelli di totano vengano completamente coperti dalla farina. Passare gli anelli di totano in un colino in modo da eliminare la farina in eccesso. Spruzzare nel cestello della friggitrice un po' di olio nelle pareti e preriscaldare la friggitrice ad aria a 200° per 3 minuti. Distribuire gli anelli di totano sulla grata del cestello, spruzzandogli un po' di olio sulla superficie. Cuocere gli anelli di totano per 12 minuti a 190°, girandoli a metà cottura e spruzzando nuovamente un po' di olio. Servire accompagnato da salsine.

Kcal 334 | C 23,3 g | P 32,6 g | G 8,5 g

2 porz.

10 min + 30 min riposo

12 min

200°

POLPO ARROSTITO CON EMULSIONE AL LIMONE

POLPETTONE DI TONNO ALLA CURCUMA CON ASPARAGI E SALSA AL LIMONE

INGREDIENTI

400 g tonno in scatola
200 g pane raffermo
20 g pangrattato
2 uova grandi
50 g latte parzialmente scremato
100 g parmigiano grattugiato
150 g asparagi verdi surgelati
40 g olio extravergine d'oliva
1 cucchiaino di curcuma
Prezzemolo tritato
50 g maionese
50 g yogurt greco 5%
30 g succo di limone 100%
30 g semi di sesamo
Erba cipollina tritata
Aneto
Aglio in polvere
Sale e epe q.b.

PROCEDIMENTO

Mettere in ammollo il pane raffermo nel latte. Preriscaldare la friggitrice ad aria a 180°. Mettere gli asparagi in una ciotola. Cospargerli con 10 g di olio, sale e pepe e cuocere in friggitrice ad aria per 10 minuti, girandoli a metà cottura. Far raffreddare gli asparagi e tagliarli a tocchetti. Nel frattempo, mettere in un mixer il tonno, il pane strizzato, il parmigiano, le uova e frullare per circa un minuto fino ad ottenere un composto omogeneo. Trasferire il tutto in ciotola ed aggiungere la curcuma, il pepe, il prezzemolo e mescolare. Mettere il composto su carta da forno e formare il polpettone. Spennellare con 20 g di olio d'oliva e cospargere con 20 g di semi di sesamo e pangrattato. Cuocere sempre a 180° per 20 minuti, girandolo dall'altro lato a metà cottura. Nel frattempo, mescolare la maionese, lo yogurt greco, l'olio d'oliva rimasto, l'erba cipollina, l'aneto, l'aglio in polvere ed un pizzico di sale. Mescolare il tutto e mettere sulla superficie i semi di sesamo rimasti. Servire il polpettone a fette con salsa al limone.

Kcal 381 | C 22,7 g | P 23,8 g | G 21,5 g

8 porz.

10 min

30 min

180°

SEPPIOLINE CON BROCCOLI E OLIVE TAGGIASCHE

INGREDIENTI

250 g seppioline
250 g broccoli
80 g pangrattato
50 g parmigiano grattugiato
100 g pomodorini
30 g olive taggiasche sott'olio
1 mazzetto di prezzemolo
1 spicchio d'aglio
4 filetti di acciughe sott'olio
Sale e pepe q.b

PROCEDIMENTO

Lavare i broccoli e ricavarne le cime. Portare ad ebollizione una pentola d'acqua salata e sbollentare i broccoli per 5 minuti. Nel frattempo, pulire le seppie togliendo all'interno la testa e lavarle per bene sotto l'acqua fredda. Separare i tentacoli dalla testa, asciugarli tamponando con una panno e mettere tutto in una ciotola. Scolare i broccoli e passarli sotto l'acqua fredda. Tritare l'aglio e il prezzemolo e tagliare a spicchi i pomodori. Aggiungere tutti gli ingredienti nella ciotola con i broccoli e le seppioline e mescolare per bene. Mettere il tutto in una pirofila e cuocere in friggitrice ad aria a 180° per circa 15 minuti ed altri 5 minuti a 200°. Servire calde.

Kcal 441 | C 26,2 g | P 25,5 g | G 25,7 g

2 porz.

15 min

20 min

180°-200°

CALAMARI RIPIENI AL CARTOCCIO

2 porz.

15 min

25 min

180°

INGREDIENTI

600 g calamari
20 g pecorino romano grattugiato
15 g pangrattato
20 g capperi
40 g olive nere denocciolate
200 g zucchine
20 g vino bianco
1 albume
200 g patata
300 g pomodorini
40 g olio extravergine d'oliva
Prezzemolo tritato
1 spicchio d'aglio
Sale e pepe q. b.

PROCEDIMENTO

Lavare la patata. Portare a bollore una pentola d'acqua salata e cuocere la patata fino a renderla morbida alla forchetta. Lavare e pulire i calamari sotto l'acqua corrente. Rimuovere i tentacoli e la parte interna dei calamari. Tagliare a pezzetti i tentacoli, tritare l'aglio e il prezzemolo. Scaldare una padella con 10 g di olio, l'aglio e il prezzemolo. Aggiungere subito i tentacoli. Sfumare con un po' di vino e cuocere per 3-4 minuti a fiamma viva. Spegnere il fuoco e mettere da parte. Grattugiare le zucchine. Scolare la patata, sbucciarla e schiacciarla con una forchetta o con uno schiacciapatate. In una ciotola unire la patata schiacciata, i tentacoli precedentemente saltati a pezzetti, la zucchina grattugiata, il pecorino grattugiato, pangrattato, albume, i capperi sminuzzati, il prezzemolo tritato, l'aglio tritato, olive nere spezzettate, sale e pepe. Amalgamare per bene tutti gli ingredienti fino ad ottenere un composto omogeneo. Riempire i calamari con il ripieno e sigillarli con uno stuzzicadenti. Tagliare a spicchi i pomodorini. Preriscaldare la friggitrice ad aria a 180°. Bagnare un foglio di carta da forno e strizzarlo. Mettere i calamari sulla carta da forno, spennellarli con l'olio; aggiungere i pomodorini, il vino, sale e pepe, aglio in polvere, prezzemolo tritato ed ancora olio. Richiudere la saccoccia dall'alto. Avvolgere il tutto in un foglio di alluminio. Cuocere per 20 minuti, aprendo la saccoccia per gli ultimi 5 minuti di cottura. Servire caldo.

Kcal 432 | C 31,4 g | P 48,5 g | G 13g

MELANZANE RIPIENE DI TONNO ALLA SICILIANA

4 porz.

10 min

25 min

200°

INGREDIENTI

600 g melanzane
1 uovo grande
140 g caciocavallo
150 g tonno sott'olio sgocciolato
40 g pomodori secchi sott'olio
30 g olio extravergine d'oliva
40 g pangrattato
40 g pinoli
2 filetti di acciughe
Prezzemolo tritato
Aglio in polvere
Cipolla in polvere
Pepe q.b.

PROCEDIMENTO

Preriscaldare la friggitrice ad aria a 200°. Lavare le melanzane e tagliarle a metà per il lungo. Fare dei tagli alla polpa, senza forare la buccia. Spennellare le melanzane con un po' d'olio e cuocere in friggitrice ad aria per 10 minuti. Rimuovere la polpa delle melanzane, metterla in una ciotola e schiacciarla con una forchetta. Aggiungere alla polpa di melanzane, 120 g di caciocavallo grattugiato, il tonno, i pomodori secchi a pezzettini, l'uovo, pangrattato, 20 g di pinoli, le acciughe schiacciate con una forchetta e le spezie. Mescolare il tutto fino ad ottenere un impasto omogeneo. Riempire le melanzane con l'impasto, spennellare con l'olio rimasto e distribuire il caciocavallo sulla superficie. Cuocere per 15 minuti o fino a quando non si è formata una leggera crosticina. Servire.

Kcal 453 | C 14 g | P 30,6 g | G 29,9 g

BRANZINO ARROSTITO

INGREDIENTI

2 branzini eviscerati di 500 g circa
10 g olio extravergine d'oliva
Prezzemolo tritato
1 limone
2 rametti di rosmarino
4 foglie di alloro
1 spicchio d'aglio
Sale grosso
Insaporitore per pesce
Pepe q.b.

PROCEDIMENTO

Tagliare a fettine il limone e l'aglio. Mettere all'interno dei due branzini le fettine di limone e di aglio. Aggiungere anche il resto delle spezie. Spennellare i branzini con l'olio e cospargere di sale grosso. Premere un po' con le mani e preriscaldare la friggitrice ad aria a 200° per 3 minuti. Mettere i branzini sul cestello della friggitrice e cuocere i branzini a 180° per 15 minuti; cambiare lato e cuocere per altri 5 minuti. Servire caldo.

Kcal 381 | C 0 g | P 53,1 g | G 16,9 g

2 porz.
5 min
20 min
180°

FILETTO DI TROTA SALMONATA CON PEPERONI E NOCCIOLE TOSTATE

INGREDIENTI

200 g trota salmonata
40 g olio extravergine d'oliva
100 g peperoni gialli
50 g cipolla rossa
100 g peperoni rossi
30 g nocciole
100 g peperoni verdi
Succo di 1 limone
Maggiorana in polvere
Prezzemolo tritato
Aglio in polvere
Pepe in grani
Insaporitore per carne
Sale q.b.

PROCEDIMENTO

Lavare i peperoni, rimuovere i semi ed il picciolo. Tagliarli a listarelle sottili sia i peperoni che la cipolla. Metterli in una ciotola ed aggiungere 20 g di olio, aglio in polvere, sale e pepe e mescolare per bene. Preriscaldare la friggitrice ad aria a 180°. Tostare le nocciole per 2 minuti. Adagiare i filetti di trota su carta da forno, bagnata e strizzata. Spennellare con l'olio rimasto e distribuire le spezie. Distribuire sopra la trota i peperoni e la cipolla. Cuocere per 20 minuti. Servire con una spolverata di prezzemolo tritato, nocciole tostate e limone a fette.

Kcal 390 | C 12,3 g | P 12,3 g | G 26,3 g

2 porz.
8 min
22 min
180°

SALMONE ALL'ARANCIA E PEPE IN GRANI

INGREDIENTI

400 g filetti di salmone
1 arancia da 200 g circa
20 g marmellata d'arancia
20 g senape
10 g pepe in grani neri e rossi
10 g olio extravergine d'oliva
Timo fresco
Prezzemolo fresco
Sale q. b.

PROCEDIMENTO

Grattugiare la scorza d'arancia, prestando attenzione a non includere la parte bianca. Spremere il succo d'arancia con uno spremiagrumi. In una ciotola unire il succo dell'arancia, la scorza grattugiata, la senape, la marmellata e il pepe in grani. Lavare e tamponare con un panno assorbente il salmone. Preriscaldare la friggitrice ad aria a 200° per 5 minuti. Ungere con l'olio un contenitore di alluminio. Mettere i filetti nel contenitore di alluminio, spennellarli con il composto di arancia sulla superficie e ai lati; il restante versarlo nel contenitore. Cuocere i filetti di salmone per 10 minuti a 200°, girandoli dall'altro lato a metà cottura. Servire subito con una sparpagliata di prezzemolo tritato grossolanamente e timo fresco. Conservare in frigo per massimo 3 giorni in un contenitore chiuso.

Kcal 482 | C 16,2 g | P 37,9 g | G 29,2 g

2 porz.
12 min
10 min
200°

PESCE SPADA AL CARTOCCIO

INGREDIENTI

200 g pesce spada fresco
100 g pomodorini
40 g olive nere
100 g cipolla rossa
12 g pinoli
1 cucchiaino di capperi
40 g olio extravergine d'oliva
4 cucchiai di vino bianco
Prezzemolo tritato
Aneto fresco
Aglio in polvere
Prezzemolo tritato
Sale e pepe q. b.

PROCEDIMENTO

Preriscaldare la friggitrice ad aria a 180°. Tagliare i pomodorini a spicchi e le olive a metà. Prendere due fogli di carta da forno. Accartocciarli, bagnarli per bene sotto l'acqua, strizzarli un po' e posizionarli su due fogli di alluminio. Posizionare il pesce spada e distribuire tutti ingredienti sopra e attorno. Richiudere la carta da forno, formando come un sacchettino e arrotolare su se stessa la cima, come a sigillare il sacchetto. Richiudere anche la carta stagnola. Cuocere 10 minuti. Aprire il sacchetto e cuocere per altri 5 minuti. Servire con una spolverata di pepe e di prezzemolo.

Kcal 411 | C 6 g | P 22,7 g | G 31,2 g

2 porz.
5 min
15 min
180°

FILETTI DI ORATA GRATINATI CON POMODORI SECCHI E SCAGLIE DI MANDORLE

INGREDIENTI

300 g di filetti di orata
40 g pangrattato
30 g pomodori secchi
30 g mandorle
Succo di 1/2 limone
Scorza grattugiata di 1 limone
1 spicchio d'aglio
15 g olio extravergine d'oliva
Cipolla essiccata
Prezzemolo tritato
Sale e pepe q.b.

PROCEDIMENTO

Sminuzzare l'aglio e i pomodori secchi e tritare grossolanamente le mandorle. Mettere in una ciotola tutti gli ingredienti, ad eccezione dei filetti d'orata e mescolare. Sciacquare i filetti d'orata e tamponarli con carta assorbente. Mettere i filetti su carta da forno, spennellare la polpa con l'olio d'oliva e distribuire il composto col pangrattato. Pressare un po' con le mani. Preriscaldare la friggitrice ad aria a 180° per 3 minuti. Cuocere i filetti a 180° per 20 minuti e successivamente a 200° per altri 3 minuti. Servire caldi.

Kcal 504 | C 27,1 g | P 36,8 g | G 28,4 g

2 porz.
10 min
23 min
180°

FRITTO MISTO DI PESCE

INGREDIENTI

500 g alici
350 g anelli di calamari
300 g merluzzetti
200 g gamberi rossi
150 g triglie
250 g farina di semola rimacinata
10 g olio extravergine d'oliva
Spicchio di limone
Sale e pepe q. b.

PROCEDIMENTO

Eliminare la testa, le interiora e le lische alle alici, alle triglie e ai merluzzetti. Lavarle bene sotto l'acqua corrente e tamponarle con carta assorbente. Sciacquare i gamberi e tamponarli con carta assorbente. Mettere tutto il pesce in una ciotola, spruzzare con un po' d'olio e mescolare. Aggiungere la farina e ricoprire tutta la superficie dei vari pesci. Mettere il tutto in un scola pasta e rimuovere la farina in eccesso. Spruzzare nuovamente con l'olio. Preriscaldare la friggitrice ad aria a 190° per un paio di minuti. Cuocere a 190° per 15 minuti, scuotendo il cestello a metà cottura. Servire calda con una spolverata di sale e pepe ed uno spicchio di limone.

Kcal 555 | C 47,6 g | P 67,6 g | G 9,8 g

4 porz.
15 min
15 min
190°

ALICI FRITTE

INGREDIENTI

500 g alici
100 g farina di semola rimacinata
10 g olio extravergine d'oliva
Spicchio di limone
Sale e pepe q. b.

PROCEDIMENTO

Eliminare la testa, le interiora e le lische alle alici. Lavarle bene sotto l'acqua corrente e tamponarle con carta assorbente. Mettere la farina in un piatto, aggiungere le alici e ricoprirle uniformemente con la farina. Mettere il tutto in un scola pasta e rimuovere la farina in eccesso. Preriscaldare la friggitrice ad aria a 160° per 5 minuti. Spruzzare il cestello con un po' d'olio, metterci le alici e spruzzare ancora. Cuocere per 8 minuti a 160°, successivamente a 180° per 6 minuti ed infine a 200° per 2 minuti. Scuotere il cestello di tanto in tanto per garantire una cottura omogenea. Servire calde con una spolverata di sale e pepe ed uno spicchio di limone.

Kcal 460 | C 38,8 g | P 49 g | G 12 g

2 porz.
5 min
13 min
180° - 200°

POLPETTE DI MERLUZZO

INGREDIENTI

500 g filetti di merluzzo senza pelle
80 g parmigiano grattugiato
70 g pangrattato
1 uovo grande
20 g alici sott'olio
10 g olio extravergine d'oliva
1 spicchio d'aglio
1 albume
Prezzemolo tritato
Sale e pepe q. b.

PROCEDIMENTO

Scongelare il merluzzo. Strizzarlo per bene. Tritare in un mixer il merluzzo, l'aglio e le alici. Amalgamare il merluzzo, con il parmigiano, 40 g di pangrattato, l'uovo, prezzemolo tritato, sale e pepe. Formare delle polpettine e passarle nell'albume e successivamente nel pangrattato rimasto. Preriscaldare la friggitrice ad aria a 160° per un paio di minuti. Disporre le polpettine su carta da forno e spruzzare con l'olio d'oliva. Cuocere per 7 minuti, facendole roteare ogni tanto. Ultimare la cottura a 180° per altri 3 minuti. Servire accompagnato da salse.

Kcal 294 | C 12,6 g | P 33,7 g | G 11,6 g

4 porz.
10 min
10 min
180°

PESCE SPADA IMPANATO

INGREDIENTI

250 g pesce spada
100 g pangrattato
30 g grana grattugiato
20 g olio extravergine d'oliva
Prezzemolo tritato
Aglio in polvere
Timo in polvere
Spezie per pesce
Sale e pepe q.b.

PROCEDIMENTO

Mettere a marinare i tranci di pesce spada nel succo di limone per 10 minuti. Unire in un piatto il pangrattato, il grana grattugiato, il prezzemolo, sale e pepe, spezie. Spennellare i tranci con l'olio da ambo i lati e passare i tranci nel composto di pangrattato, fino a coprirne tutta la superficie. Spruzzare con l'olio d'oliva. Preriscaldare la friggitrice ad aria a 200° e cuocere per 25 minuti, cambiando lato a metà cottura. Servire caldo.

Kcal 503 | C 38,9 g | P 34,6 g | G 23,6 g

2 porz.
5 min
25 min
200°

GAMBERONI ARROSTITI

INGREDIENTI

500 g gamberoni
15 g olio extravergine d'oliva
Succo di 2 limoni
Prezzemolo tritato
Aglio in polvere
Sale e pepe q.b.

PROCEDIMENTO

Sciacquare i gamberoni. Rimuovere il budello, incidendo il gamberone, oppure usando uno stuzzicadenti. Mettere in una ciotola il succo di limone, l'olio, sale e pepe, prezzemolo e aglio in polvere; aggiungere anche i gamberoni. Lasciar riposare per 20 minuti a temperatura ambiente. Preriscaldare la friggitrice ad aria a 190° per 5 minuti. Mettere i gamberoni nel cestello della friggitrice e cuocere i gamberoni a 160° per 16 minuti, cambiando lato a metà cottura. Servire con una sparpagliata di prezzemolo tritato, un pizzico di sale e pepe.

Kcal 292 | C 38,9 g | P 45 g | G 12,5 g

2 porz.
5 min + 20 min riposo
16 min
160°

SALMONE IN CROSTA DI PISTACCHIO

INGREDIENTI

600 g filetti di salmone
50 g pangrattato
20 g pistacchi
20 g grana grattugiato
20 g olio extravergine d'oliva
1 spicchio d'aglio
1 mazzetto di prezzemolo
Sale e pepe q. b.

PROCEDIMENTO

Tritare nel mixer pangrattato, granella di pistacchio, grana grattugiato, 10 g di olio, l'aglio e il prezzemolo. Salare e pepare i filetti di salmone. Distribuire il composto di pistacchi sui filetti, pressare con po' con le mani e spruzzare di olio. Preriscaldare la friggitrice ad aria per 3 minuti a 200°. Cuocere i tranci nel cestello della friggitrice ad aria a 200° per 15 minuti. Servire.

Kcal 414 | C 12,6 g | P 31,5 g | G 26,5 g

4 porz.
5 min
15 min
200°

TONNO IN CROSTA DI SEMI DI SESAMO

INGREDIENTI

600 g trancio di tonno rosso fresco
40 g olio extravergine d'oliva
40 g semi di sesamo bianchi e neri
2 limoni spremuti
15 g miele millefiori
1 cucchiaino di salsa di soia
Erba cipollina tritata
Un pizzico di aglio in polvere
Pepe q.b.

PROCEDIMENTO

Unire il succo dei limoni, il pepe e la salsa di soia in un'ampia ciotola. Inserire il trancio di tonno nella ciotola e far marinare per mezz'ora, girandolo dall'altro lato dopo 15 minuti. Preriscaldare la friggitrice ad aria a 200°. Distribuire l'olio d'oliva e il miele sulla superficie del tonno, massaggiando un po'. Passare il trancio di tonno nei semini di sesamo e pressare un po'. Cuocere per 5 minuti a lato se si desidera l'interno più crudo; 10 minuti per lato, invece, se si preferisce completamente cotto. Servire a fette con una sparpagliata di erba cipollina.

Kcal 395 | C 3,7 g | P 34,4 g | G 25,7 g

4 porz.

5 min + 30 min marinatura

5-10 min

200°

INVOLTINI DI BRANZINO IMPANATI RIPIENI DI PESTO ROSSO

INGREDIENTI

300 g filetto di branzino
150 g pancetta a fette
100 g pomodori secchi sott'olio
20 g pinoli
50 g basilico fresco
50 g olio extravergine d'oliva
40 g parmigiano grattugiato
50 g pangrattato
Fili di erba cipollina
Prezzemolo tritato
1 spicchio d'aglio
Sale e pepe q.b.

PROCEDIMENTO

Mettere in un bicchiere alto i pomodori secchi non sgocciolati, i pinoli, il basilico, 40 g d'olio, il parmigiano grattugiato e l'aglio. Frullare fino ad ottenere un composto omogeneo. Mettere i filetti di branzino tra due fogli di carne da forno, appiattire i filetti con un batticarne. Mettere una fettina di pancetta al centro di ogni filetto e successivamente un po' di pesto. Richiudere su se stesso l'involtino e richiudere con un filo di erba cipollina oppure con uno stuzzicadenti. Preriscaldare la friggitrice ad aria a 180°. Distribuire gli involtini sulla carta da forno, spennellare con l'olio d'oliva rimasto e cospargere di pangrattato. Cuocere per 5 minuti a 180°. Abbassare poi a 160° e cuocere per altri 10 minuti. Servire con una sparpagliata di prezzemolo tritato.

Kcal 415 | C 13,5 g | P 24,9 g | G 27,9 g

4 porz.

7 min

15 min

180°

FRITTATA DI SCAROLA, SALMONE AFFUMICATO E ASIAGO

INGREDIENTI

300 g di scarola
6 uova
150 g salmone affumicato
100 g asiago
50 g parmigiano grattugiato
20 g farina 00
40 g olio extravergine d'oliva
30 g latte intero
1 spicchio d'aglio
Sale e pepe q.b.

PROCEDIMENTO

Lavare per bene la scarola. Tagliare le foglie a pezzi. Tritare l'aglio e farlo rosolare con 20 g di olio in una padella. Aggiungere la scarola, sale e pepe e far cuocere a fiamma moderata per 10 minuti. Nel frattempo, spezzettare il salmone e tagliare a fette l'Asiago. In una ciotola mescolare le uova con il resto degli ingredienti, ad eccezione dell'Asiago. Sbattere velocemente con una forchetta. Far raffreddare un po' la scarola ed aggiungerla al composto con le uova e mescolare ancora. Versare l'impasto in una pirofila oliata, distribuire l'asiago a fette e spruzzare con il rimanente olio. Cuocere in friggitrice ad aria per 20 minuti a 180° e altri 5 minuti a 190°. Servire calda.

Kcal 449 | C 6,8 g | P 31,1 g | G 32,1 g

4 porz.

10 min

35 min

180° - 190°

SECONDI VEGETARIANI

BURGER DI QUINOA E LEGUMI

INGREDIENTI

200 g quinoa cotta
100 g fagioli cannellini in scatola
100 g ceci in scatola
100 g cipolla dorata
100 g carote
30 g fecola di patate
15 g olio extravergine d'oliva
1 spicchio d'aglio
Un pizzico di cumino
Un pizzico di curry forte
Prezzemolo fresco
Sale e pepe q. b.

PROCEDIMENTO

Unire nel frullatore fagioli, ceci, cipolla, carote a pezzetti, fecola di patate, aglio, prezzemolo e menta e olio e frullare fino ad ottenere una composto omogeneo. Mettere in una ciotola la quinoa ed aggiungere il composto precedentemente formato e mescolare. Formare 4 palline e successivamente schiacciarle oppure usare un coppa pasta per dare la forma di burger. Mettere i burger nel cestello della friggitrice ad aria e cuocere per 20 minuti a 180°. Servire una volta intiepidite. Conservare in frigo in un contenitore chiuso per massimo 2-3 giorni.

Kcal 311 | C 49,1 g | P 11,3 g | G 7,3 g

4 porz.
15 min
25 min
180°

BURGER CROCCANTE AI BROCCOLI

INGREDIENTI

400 g broccoli
20 g fecola di patate
60 g provola
40 g fiocchi di mais
20 g pangrattato
30 g grana grattugiato
1 uovo medio
10 g olio extravergine d'oliva
Spezie a piacere
Sale e pepe q.b.

PROCEDIMENTO

Lessare i broccoli e scolarli. Frullare o schiacciarli con una forchetta ed aggiungere la fecola di patate, il grana grattugiato, sale e pepe, spezie e mescolare. Tagliare a tocchetti la provola. Forma 4 dischi e mettere al centro di due la provola. Coprire con gli altri due e compattare con le mani. Mettere l'uovo in un piatto e sbattere con una forchetta. Mettere in un altro piatto i fiocchi di mais sbriciolati e in una altro ancora, il pangrattato. Passare i burger prima nel pangrattato, poi nell'uovo e successivamente nei fiocchi di mais sbriciolati. Mettere i burger su carta da forno, spruzzare con l'olio da entrambi i lati e cuocere in friggitrice ad aria a 200° per 10 minuti, cambiando lato a metà cottura. Servire caldi.

Kcal 457 | C 45,9 g | P 23,3 g | G 21,2 g

2 porz.
5 min
10 min
200°

POLPETTE DI CECI CON SALSA ALLO YOGURT GRECO

INGREDIENTI

500 g ceci in scatola
3 uova medie
50 g parmigiano grattugiato
60 g pane per tramezzini
30 g pangrattato
20 g semi di sesamo
120 g scamorza affumicata
5 g olio extravergine d'oliva
10 g senape
2 cucchiai di prezzemolo tritato
Un pizzico di cumino in polvere
½ cucchiaino di aglio in polvere
1 cucchiaino di paprika dolce
Sale e pepe q.b

PER LA SALSA ALLO YOGURT GRECO

150 g yogurt greco 0% grassi
30 g maionese
Succo di mezzo limone
Erba cipollina tritata q.b.
½ cucchiaino di timo
Sale e pepe q.b.

PROCEDIMENTO

Sciacquare i ceci e metterli in un mixer. Aggiungere il parmigiano grattugiato, il pane spezzettato, il prezzemolo, un uovo, la senape, le spezie e le erbe aromatiche. Frullare il tutto fino ad ottenere un composto lavorabile. Tagliare a cubetti la scamorza. Formare delle polpette con circa 35 g di impasto e mettere al centro un po' di scamorza. Richiudere e disporle su una teglia. Mettere in un piatto le uova rimaste con 1 cucchiaio di prezzemolo, sale e pepe e sbattere con una forchetta. Mettere in un altro piatto il pangrattato con i semi di sesamo e mescolare. Passare le polpette prima nel pangrattato, poi nelle uova ed infine, nuovamente nel pangrattato. Spruzzare con l'olio e cuocere in friggitrice ad aria a 190° per 12 minuti, girandole a metà cottura. Nel frattempo, mescolare tutti gli ingredienti per la salsa, mescolare e decorare con erba cipollina. Conservare in frigo fino al momento di servire le polpette calde.

Kcal 575 | C 42,1 g | P 32,5 g | G 28,8 g

4 porz.

15 min

12 min

190°

FETA ARROSTITA CON OLIVE

INGREDIENTI

200 g feta greca DOP
20 g olive verdi
20 g olive nere
5 g olio extravergine d'oliva
Un pizzico di peperoncino
Un pizzico di timo fresco
Un pizzico di origano
Sale e pepe q.b.

PROCEDIMENTO

Mettere la feta su carta da forno. Fare dei tagli non troppo profondi in diagonale. Tagliare in 4 spicchi le olive per il lungo e riempire le fessure nella feta con le olive. Spruzzare con l'olio la feta e distribuire da entrambi i lati le spezie. Cuocere in friggitrice ad aria a 160° per 20/25 minuti o fino a quando non si sia colorata in superficie. Servire calda.

Kcal 358 | C 0,7 g | P 18,2 g | G 30,9 g

2 porz.

5 min

20/25 min

160°

FRITTATA DI ASPARAGI E PROVOLA

INGREDIENTI

200 g asparagi verdi surgelati
100 g provola dolce
4 uova medie
40 g pecorino grattugiato
10 g pecorino in scaglie
60 g latte intero
1 cucchiaio di prezzemolo tritato
Un pizzico di rosmarino secco
5 g olio extravergine d'oliva
Sale e pepe q.b.

PROCEDIMENTO

Sbollentare gli asparagi per 5 minuti in acqua bollente e salata. Scolarli e passarli sotto l'acqua fredda. Tagliarli a tocchetti e metterli in un piatto. Tagliare a dadini la provola. Mettere in una ciotola le uova e mescolare con una frusta a mano per un paio di minuti. Unire anche il latte e mescolare di nuovo. Aggiungere il pecorino e mescolare fino a che non sia completamente amalgamato. Aggiungere la provola, il pecorino in scaglie, gli asparagi, il prezzemolo, sale e pepe e mescolare ancora con la frusta. Preriscaldare la friggitrice ad aria a 180°. Oliare una teglia dal diametro di 20 cm e versare il composto di uova; spruzzare con l'uovo rimasto. Cuocere in friggitrice ad aria a 180° per 20 minuti. Girarla dall'altro lato e terminare la cottura per altri 7 minuti. Servire calda.

Kcal 476 | C 3,8 g | P 34,4 g | G 35,6 g

2 porz.
10 min
27 min
180°

PRIMO SALE IMPANATO

INGREDIENTI

200 g formaggio primo sale
80 g pangrattato
1 uovo medio
50 g farina 0
1 cucchiaio di prezzemolo tritato
5 g olio extravergine d'oliva
Sale e pepe q.b.

PROCEDIMENTO

Tagliare a fette spesse il primo sale. Mettere in un piatto l'uovo, il prezzemolo tritato, sale e pepe e sbattere energicamente con una forchetta. Mettere in un piatto il pangrattato e in un altro piatto la farina. Passare le fette di primo sale prima nella farina, successivamente nell'uovo e infine, nel pangrattato. Preriscaldare la friggitrice ad aria a 180° per un paio di minuti. Mettere delicatamente le fettine nel cestello della friggitrice ad aria, spruzzare con l'olio e cuocere a 180° per 12 minuti, cambiando lato a metà cottura. Servire caldo.

Kcal 500 | C 55,5 g | P 23 g | G 22,8 g

2 porz.
10 min
12 min
180°

PARMIGIANA BIANCA DI MELANZANE CON TALEGGIO

INGREDIENTI

1000 g melanzana
150 g scamorza
100 g taleggio
60 g parmigiano grattugiato
400 g latte parzialmente scremato
30 g burro
20 g farina 00
20 g olio extravergine d'oliva
Un pizzico di noce moscata
Sale e pepe q.b.

PROCEDIMENTO

Sciogliere in un tegame il burro, unire la farina e mescolare con la frusta. Lasciar cuocere a fiamma bassa per un paio di minuti, continuando a mescolare. Unire il latte a filo e mescolare con la frusta, fino a raggiungere il bollore. Trascorsi due minuti dal bollore, togliere dal fuoco, aggiungere la noce moscata ed un pizzico di sale. Mettere da parte. Preriscaldare la friggitrice ad aria a 180°. Tagliare a fette le melanzane di circa mezzo centimetro di spessore. Spennellarle con l'olio d'oliva, salare e pepare da entrambi i lati. Infilzare le varie fette di melanzane con dei bastoncini lunghi, lasciando un po' di spazio tra una fetta e l'altra. Cuocere per 10 minuti. Tagliare a cubetti il taleggio e la scamorza. Alternare le fettine di melanzane alla besciamella, alla scamorza e al taleggio. Ultimare con il parmigiano. Cuocere in friggitrice ad aria a 180° per 10 minuti e successivamente a 200° per 2 minuti. Servire calda o fredda. Conservare in frigo coperta con pellicola per massimo 4 giorni.

Kcal 464 | C 15,6 g | P 24,9 g | G 33,3 g

4 porz.
15 min
30 min
180° - 200°

BURGER VEGANI

INGREDIENTI

200 g ceci in scatola
200 g lenticchie in scatola
20 g farina di mais o pangrattato
20 g crusca d'avena
20 g olio extravergine d'oliva
20 g semi di girasole
20 g acqua
1 spicchio d'aglio
1 cucchiaino di curry dolce
½ cucchiaino di cumino
Prezzemolo tritato
Sale e pepe q.b.

PROCEDIMENTO

Scolare i ceci e le lenticchie. In una ciotola unire i ceci e le lenticchie e schiacciare con una forchetta fino ad ottenere una purea, tenendo qualche pezzo intatto. Aggiungere tutti gli altri ingredienti (ad eccezione di 10 g di olio d'oliva) ed impastare fino ad ottenere un impasto omogeneo. Preriscaldare la friggitrice ad aria a 180°. Formare degli hamburger di uguali dimensioni con l'aiuto di un coppa pasta, pressando un po' con le mani. Distribuire l'olio rimasto sulla superficie degli hamburger. Cuocere per 6 minuti per lato. Servire accompagnato da salsine.

Kcal 462 | C 47,6 g | P 21,3 g | G 18,6 g

2 porz.
10 min
12 min
180°

FRITTATA DI CARCIOFI, RICOTTA E FONTINA

INGREDIENTI

4 uova medie
150 g carciofi surgelati
150 g robiola
40 g parmigiano grattugiato
40 g fontina
5 g olio extravergine d'oliva
15 g margarina
Prezzemolo tritato
Sale e pepe q.b.

PROCEDIMENTO

Scaldare una padella con 5 g di olio. Rosolare per 10 minuti i carciofi a fiamma viva, senza coperchio. Preriscaldare la friggitrice ad aria a 160°. Tagliare a cubetti la fontina. Tagliare a fettine sottili i carciofi. In una ciotola mettere tutti gli ingredienti, ad eccezione della margarina e mescolare fino ad ottenere un composto omogeneo. Imburrare con la margarina una pirofila, versare il composto e distribuire la margarina in ciuffetti. Cuocere per 25 minuti, girandola a metà cottura. Servire tagliata a pezzi.

Kcal 328 | C 2,3 g | P 16,7 g | G 28 g

4 porz.
10 min
35 min
160°

UOVA IN PURGATORIO MONOPORZIONE

INGREDIENTI

4 uova medie
40 g parmigiano grattugiato
20 g olio extravergine d'oliva
300 g salsa di pomodoro
40 g scamorza
Basilico fresco
Origano secco
Sale e pepe q.b.

PROCEDIMENTO

Preriscaldare la friggitrice ad aria a 160°. In una pirofila mettere la salsa di pomodoro, aggiungere l'uovo, prestando attenzione a non rompere il tuorlo; coprire l'uovo col pomodoro. Distribuire il parmigiano grattugiato e la scamorza a fette. Cuocere per 10 minuti; alzare la temperatura a 200° e cuocere altri 10 minuti. Servire caldi.

Kcal 410 | C 6,1 g | P 26,5 g | G 29,4 g

2 porz.
5 min
20 min
200°

PIATTI UNICI

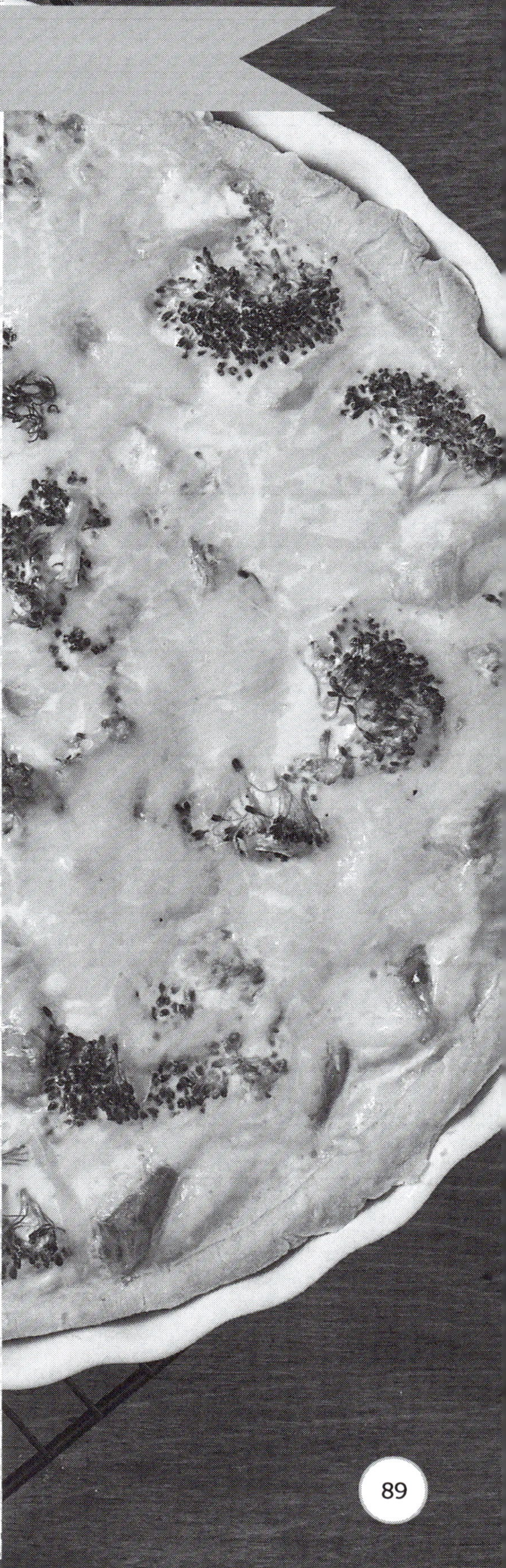

QUICHE DI PORRI, PANCETTA E ASIAGO

INGREDIENTI

1 rotolo di pasta brisée
300 g porri (al netto degli scarti)
100 g asiago
100 g pancetta affumicata a cubetti
150 g panna fresca
100 g latte intero
30 g burro
3 uova
Brodo vegetale q.b.
Sale e pepe q.b.

PROCEDIMENTO

6 porz.

17 min

50 min

180°

Lavare e tagliare a fettine i porri. Scaldare una pentola col burro e cuocere i porri per 20 minuti circa, mescolando spesso. Aggiungere il brodo vegetale se dovessero asciugarsi troppo. In un padellino, rendere croccante la pancetta per qualche minuto. Insaporire con sale e pepe e mettere da parte. Tagliare a cubetti l'asiago. Srotolare la pasta brisèe e mettere all'interno di una tortiera, con la carta da forno. Bucherellare con una forchetta la pasta brisè in tutta la sua superficie e mettere a cuocere in friggitrice ad aria a 180° per 10 minuti. Spennellare la superficie della pasta brisèe con l'uovo e cuocere per altri 5 minuti. Mettere in una ciotola le uova, un pizzico di sale e pepe e frullare con le fruste elettriche. Aggiungere il latte e la panna e continuare a frullare ancora per qualche minuto, fino ad ottenere un composto omogeneo e denso. Distribuire sulla pasta brisèe i porri, la pancetta, l'asiago a cubetti, tenendone un po' da parte per la superficie. Versare il composto di uova sul resto ed ultimare con l'asiago sparso. Cuocere a 180° per 18-20 minuti. Lasciar intiepidire 5 minuti prima di servire. Conservare in frigo coperta con pellicola per massimo 2 giorni.

Kcal 501 | C 29,1 g | P 15 g | G 36,2 g

PLUMCAKE SALATO ALLE ZUCCHINE

INGREDIENTI

150 g farina 1
150 g zucchine
120 g latte intero
100 g scamorza affumicata
100 g cipolla dorata
1 uovo medio
50 g pomodori secchi sott'olio
20 g olive taggiasche sott'olio
40 g grana grattugiato
40 g olio extravergine d'oliva
10 g lievito in polvere istantaneo per salati
Origano secco
Basilico fresco
Cipolla in polvere
Aglio in polvere
Sale e pepe q.b.

PROCEDIMENTO

4 porz.

15 min

25 min

180°

Unire gli ingredienti secchi in una ciotola. Lavare le zucchine, grattugiarle e metterle da parte. In una ciotola unire l'uovo all'olio e sbattere con una forchetta. Aggiungere il latte e sbattere ancora. Aggiungere gli ingredienti secchi amalgamando, poco per volta. Tagliare a fettine le olive taggiasche e la cipolla, a pezzetti i pomodori secchi e a cubetti la scamorza ed unire al resto dell'impasto. Aggiungere le zucchine, le spezie e mescolare fino ad ottenere un impasto omogeneo. Versare l'impasto in uno stampo per plumcake e cuocere in friggitrice ad aria a 180° per 25 minuti. Servire caldo o freddo a fette. Conservare in frigorifero per massimo 2 giorni.

Kcal 437 | C 31,1 g | P 14,9 g | G 14,9 g

PANE RUSTICO CON FUNGHI, CHEDDAR E PROSCIUTTO CRUDO

INGREDIENTI

200 g fette di pane rustico
100 g funghi misti sott'olio
100 g cheddar a fette
100 g prosciutto crudo di Parma
10 g olio extravergine d'oliva
1 mazzetto di prezzemolo
1 spicchio d'aglio
Erba cipollina tritata
Sale e pepe q.b.

PROCEDIMENTO

Spennellare le fette di pane con l'olio e strofinare l'aglio. Rendere croccanti in friggitrice ad aria per 6 minuti a 180°, da ambo i lati. Mettere le fette di pane su carta da forno, una affianco all'altra e distribuire il prosciutto crudo tagliato a listarelle, i funghi e il cheddar a fette. Cuocere in friggitrice ad aria a 180° per 5 minuti o fino a quando il cheddar non si sarà completamente sciolto. Servire caldo con una sparpagliata di erba cipollina, sale e pepe.

Kcal 277 | C 3,7 g | P 19 g | G 19,6 g

2 porz.
12 min
8-10 min
180°

CIAMBELLONE SALATO

INGREDIENTI

200 g farina 00
200 g ricotta
130 g olio di semi di girasole
60 g fecola di patate
100 g provola
150 g prosciutto cotto a cubetti
30 g parmigiano grattugiato
4 uova medie
1 bustina di lievito istantaneo per salati
Erba cipollina in polvere
Sale e pepe q.b.

PROCEDIMENTO

Unire gli ingredienti secchi in una ciotola. Unire le uova con l'olio e sbattere velocemente con una forchetta. Aggiungere la ricotta e mescolare. Aggiungere tutti gli altri ingredienti e mescolare. Imburrare e infarinare uno stampo per ciambella. Versare il composto nello stampo e cuocere in friggitrice ad aria a 170° per 40 minuti. Raffreddare prima di servire. Conservare in frigorifero per massimo 3-4 giorni oppure congelare porzionato.

Kcal 383 | C 25,8 g | P 15,1 g | G 24,3 g

8 porz.
10 min
40 min
170°

RICOTTA ARROSTITA CON MELANZANE A FUNGHETTO, MIELE E NOCI

INGREDIENTI

400 g melanzane
300 g ricottine
150 g pomodorini
100 g cipolla rossa
15 g olio extravergine d'oliva
30 g noci
20 g miele
Timo
Origano
Basilico
Sale q.b.

PROCEDIMENTO

Lavare e mondare le melanzane. Tagliarle a tocchetti e metterle in una ciotola. Aggiungere un cucchiaio d'olio, i pomodorini tagliati a metà, un pizzico di sale, timo e origano e mescolare per bene. Mettere le ricottine su carta da forno, spruzzare con l'olio rimasto e condire con un pizzico di sale. Distribuire intorno le melanzane e cuocere in friggitrice ad aria a 180° per 25-30 minuti, prestando attenzione a non bruciare troppo la ricotta sulla superficie. Mescolare le melanzane a metà cottura. Servire con basilico fresco, miele colato sopra le ricottine e noci tritate.

Kcal 483 | C 28,1 g | P 17,9 g | G 32,5 g

2 porz.
10 min
25/30 min
180°

TORTA DI RISO SALATA

INGREDIENTI

1 rotolo di pasta sfoglia rotonda (230 g)
300 g riso carnaroli
500 g latte intero
150 g stracchino
50 g parmigiano grattugiato
2 uova medie
Un pizzico di noce moscata
Un pizzico di maggiorana
Sale e pepe q.b.

PROCEDIMENTO

Mettere il latte in una pentola e portare a bollore. Aggiungere un cucchiaino di sale e il riso. Cuocere per 15 minuti. Aggiungere al riso, lo stracchino, le uova, il parmigiano, un pizzico di sale e pepe, maggiorana e noce moscata. Amalgamare il tutto e lasciar intiepidire. Srotolare la pasta sfoglia e rivestire una tortiera rivestita con carta da forno. Bucherellare con una forchetta la pasta sfoglia e versare il composto di riso. Richiudere all'interno con la pasta sfoglia avanzata. Unire il tuorlo d'uovo con un pizzico di sale e pepe e sbattere con una forchetta. Spennellare con il tuorlo, la superficie della pasta sfoglia. Preriscaldare la friggitrice ad aria a 160° per 5 minuti. Cuocere la torta di riso n friggitrice ad aria a 160° per 20 minuti e a 180° per altri 20 minuti. Lasciar intiepidire prima di servire a fette.

Kcal 531 | C 57,1 g | P 18,9 g | G 24,7 g

6 porz.
10 min
60 min
160° - 180°

TRAMEZZINI CROCCANTI SFIZIOSI

INGREDIENTI

4 fette di pane in cassetta ai semi
100 g melanzane sott'olio
150 g caciotta
50 g salsa di pomodoro
5 g olio extravergine d'oliva
Basilico fresco
Aglio in polvere
Origano secco
Paprika dolce
Sale e pepe q.b.

PROCEDIMENTO

Tagliare a fettine la caciotta. Unire in una ciotolina la salsa di pomodoro, l'olio d'oliva, il basilico spezzettato, le spezie e mescolare. Farcire le fette di pane con la salsa di pomodoro, le fettine di caciotta, le melanzane sott'olio e assembrare, in modo da formare due panini. Mettere i due panini su carta da forno e nel cestello della friggitrice ad aria ed avviare la friggitrice ad aria a 170° per 10 minuti, girando dall'altro lato a metà cottura. Tagliare in diagonale i panini e servire subito.

2 porz.
5 min
10 min
170°

Kcal 430 | C 28,5 g | P 12,3 g | G 26,4 g

TOAST CON SPECK, BRIE E SALSA AI FUNGHI

INGREDIENTI

4 fette di pane per toast
100 g speck a fette
50 g brie
100 g funghi sott'olio
30 g maionese

PROCEDIMENTO

Tagliare a fettine il brie. Frullare in un frullatore ad immersione i funghi con la maionese. Spalmare la salsa ai funghi su un lato di due fette. Metterci sopra lo speck e successivamente il brie. Coprire con l'altra fetta. Posizionare i due toast su carta stagnola e cuocere in friggitrice ad aria a 200° per 6 minuti, cambiando lato a metà cottura. Servire caldi e consumare subito.

2 porz.
5 min
6 min
200°

Kcal 440 | C 19,8 g | P 23,3 g | G 29,6 g

TOMINI IN CROSTA CROCCANTE

INGREDIENTI

1 rotolo di pasta sfoglia rettangolare
4 tomini con speck da 400 g
1 tuorlo d'uovo
Erba cipollina fresca
Sale e pepe q.b.

PROCEDIMENTO

Tritare l'erba cipollina. Srotolare la pasta sfoglia. Dividere in 4 parti uguali ed con ognuna, avvolgervi il tomino. Prima di chiudere il fagottino, distribuire l'erba cipollina. Quindi richiudere bene, pressando con le dita. Spennellare con il tuorlo, precedentemente sbattuto con un pizzico di sale e pepe. Cuocere in friggitrice ad aria a 180° per 10-12 minuti, fino a doratura desiderata. Servire e consumare subito.

4 porz.
5 min
10/12 min
180°

Kcal 355 | C 24,4 g | P 14 g | G 21,1 g

PARIGINA VELOCE

INGREDIENTI

1 rotolo pasta sfoglia rettangolare
1 rotolo di base per pizza rettangolare
200 g prosciutto cotto a fette
100 g mozzarella
100 g provola
150 g salsa di pomodoro
10 g d'olio extravergine d'oliva
1 tuorlo d'uovo
10 g latte intero
Un pizzico di origano
Paprika dolce
2 foglie di basilico
Aglio in polvere
Sale e pepe q.b.

PROCEDIMENTO

Mettere in una ciotola la salsa di pomodoro, l'origano, la paprika, l'aglio in polvere, il basilico sminuzzato, sale e pepe, l'olio e mescolare. Srotolare la base per pizza e distribuire la salsa di pomodoro, il prosciutto cotto, la mozzarella strizzata, la provola a fette sottili e ancora prosciutto cotto. In ultimo strato, adagiare la pasta sfoglia srotolata sul prosciutto cotto e richiudere delicatamente i bordi. Incidere leggermente la superficie della pasta sfoglia con un coltello. Unire il tuorlo al latte e mescolare e spennellare la superficie della parigina. Preriscaldare la friggitrice ad aria a 180° per 5 minuti. Cuocere la parigina a 180° per 30 minuti, cambiando lato a metà cottura, girando con molta attenzione. Servire calda o tiepida.

Kcal 457 | C 34,6 g | P 18,8 g | G 26,8 g

6 porz.
15 min
30 min
180°

LASAGNE DI PATATE CON CACIOTTA E CIME DI RAPA

INGREDIENTI

1000 g patate
150 g caciotta
200 g cime di rapa surgelate
100 g pomodori datterino
5 g olio extravergine d'oliva
40 g parmigiano grattugiato
30 g pangrattato
20 g burro
1 spicchio d'aglio
Peperoncino in polvere
Sale e pepe q.b.

PROCEDIMENTO

Sbucciare le patate e tagliarle a fette di mezzo centimetro circa. Portare a bollore una pentola d'acqua salata e cuocere le fettine di patate per 5 minuti. Scolare e asciugarle leggermente, tamponandole con carta assorbente. Scaldare una pentola con l'olio e l'aglio. Aggiungere le cime di rapa surgelate, i pomodorini tagliati a metà, sale, pepe ed un pizzico di peperoncino. Cuocere a fiamma vivace per 10 minuti, mescolando di tanto in tanto. Rimuovere l'eventuale acqua di cottura che si sarà formata. Imburrare una pirofila e cospargerla con il pangrattato. Tagliare a fette la caciotta. Mettere nella pirofila uno strato di fette di patate, leggermente sovrapposte una all'altra, cime di rapa, parmigiano e caciotta. Ripetere il procedimento fino ad esaurire tutti gli ingredienti. Ultimare con un po' di pangrattato e burro in ciuffetti. Preriscaldare la friggitrice ad aria a 180° per un paio di minuti e cuocere per 15 minuti. Servire caldo. Conservare in frigorifero per massimo 2 giorni coperto con pellicola.

Kcal 442 | C 53,6 g | P 14,4 g | G 19,9 g

4 porz.
15 min
30 min
180°

TORTINO DI PATATE RIPIENO DI SALMONE E SPINACI

4 porz.
10 min
30 min
190°

INGREDIENTI

600 g patate
200 g salmone affumicato
200 g spinaci surgelati
50 g pangrattato
20 g burro
2 uova medie
5 g olio extravergine d'oliva
Aglio e cipolla in polvere
Erba cipollina fresca
Prezzemolo fresco
Sale e pepe q.b.

PROCEDIMENTO

Lavare le patate e lessarle fino a quando bucandole con una forchetta, non saranno morbide. Sbucciarle e schiacciarle con uno schiacciapatate oppure con una forchetta. Aggiungere le uova, il sale e il pepe e le erbe aromatiche tritate. Impastare con le mani fino ad ottenere un impasto omogeneo. Imburrare e ricoprire col pangrattato 4 vaschette di alluminio. Distribuire uno strato di composto di patate. Scongelare gli spinaci in microonde o in un pentolino; sminuzzarli ed aggiungere, sale, pepe, cipolla in polvere, l'olio e mescolare. Distribuire in eguali proporzioni il salmone affumicato e gli spinaci sul composto di patate, pressando un po' con le mani. Ultimare con il composto di patate rimasto, pangrattato e qualche fiocco di burro. Cuocere in friggitrice ad aria a 190° per 20 minuti. Conservare in frigo per massimo 2 giorni, coperto con pellicola.

Kcal 357 | C 36,4 g | P 20,5 g | G 14,4 g

PEPERONI RIPIENI CON MACINATO DI TACCHINO, PISELLI E PROVOLA AFFUMICATA

4 porz.
15 min
30 min
160° - 180°

INGREDIENTI

4 peperoni gialli e rossi (1 kg e 200 g)
300 g macinato di tacchino
150 g piselli surgelati
100 g provola affumicata
40 g grana grattugiato
50 g pangrattato
2 uova
40 g sedano carote cipolla surgelati
10 g olio extravergine d'oliva
30 g vino bianco
Rosmarino in polvere
Aglio in polvere
Prezzemolo tritato
Paprika dolce
Sale e pepe q.b.

PROCEDIMENTO

Portare a bollore una pentola d'acqua salata e cuocere i piselli per 10 minuti, dopo di che, scolarli. In una pentola, soffriggere con 5 g di olio sedano, carote e cipolla. Aggiungere il macinato di tacchino e sfumare con il vino. Aggiungere le spezie e cuocere a fiamma media per 10 minuti con coperchio. Nel frattempo, lavare i peperoni e tagliare la calotta superiore. Tagliare le parti di peperone intorno al picciolo e tagliare a cubetti gli stessi. Rimuovere i semi e i filamenti interni. Cuocere i peperoni in friggitrice ad aria a 180° per 10 minuti. Grattugiare il provolone. In una ciotola unire il ragù di tacchino, i piselli, il grana grattugiato, il pangrattato, le uova, le spezie, i cubetti di peperone, 80 g provola e mescolare. Riempire i peperoni, precedentemente precotti, metterli nel cestello della friggitrice e spruzzare i peperoni con l'olio rimasto. Cuocere nuovamente a 180° per 8 minuti. Distribuire la provola rimasta sulla superficie e cuocere a 160° per altri 5 minuti. Servire caldi o freddi. Conservare in frigo in un contenitore chiuso per massimo 2 giorni.

Kcal 444 | C 33,4 g | P 33,7 g | G 19,5 g

TORTINO DI PATATE CON BRIE E PROSCIUTTO

INGREDIENTI

800 g patate
250 g brie
150 g prosciutto cotto a fette
30 g pangrattato
40 g parmigiano grattugiato
20 g burro
2 cucchiai di latte intero
Rosmarino secco
Sale e pepe q.b.

PROCEDIMENTO

Sbucciare le patate e tagliarle a fette di mezzo centimetro circa. Portare a bollore una pentola d'acqua salata e cuocere le fettine di patate per 5 minuti. Scolare e asciugarle leggermente, tamponandole con carta assorbente. Imburrare una pirofila di alluminio e cospargerla con il pangrattato. Tagliare a fette il brie e spezzettare il prosciutto. Mettere nella pirofila uno strato di fette di patate, leggermente sovrapposte una all'altra, parmigiano, brie e prosciutto. Ripetere il procedimento fino ad esaurire gli ingredienti. Ultimare con un po' di pangrattato, latte ben distribuito e burro in ciuffetti. Preriscaldare la friggitrice ad aria a 180° per 2 minuti e cuocere per 15 minuti. Servire calda.

Kcal 575 | C 41,9 g | P 31,4 g | G 32 g

4 porz.
20 min
20 min
180°

FRITTATA DI CIPOLLE E SPECK

INGREDIENTI

8 uova
15 g olio extravergine d'oliva
1 kg di cipolla bianca
50 g parmigiano grattugiato
150 g stick di speck
50 g pecorino romano grattugiato
Rosmarino secco
Sale e pepe q.b.

PROCEDIMENTO

Rimuovere la buccia alle cipolle e metterle in ammollo nell'acqua fredda per 15 minuti. Rimuoverli dall'acqua e tagliarle a fettine sottili. Metterle in una ciotola con 10 g di olio, sale e pepe e mescolare. Cuocerle in friggitrice ad aria a 200° per 15 minuti, mescolando di tanto in tanto. Nel frattempo, mettere le uova in una ciotola e sbatterle con una forchetta. Aggiungere il formaggio grattugiato, gli stick di speck, il rosmarino secco, il pepe e mescolare. Far raffreddare un po' le cipolle prima di unirle al resto degli ingredienti. Mescolare per bene. Ungere una tortiera e versarne all'interno il composto. Cuocere la frittata a 190° per 20 minuti circa, girandola dall'altro lato a metà cottura. Servire calda o fredda. Conservare in frigo per massimo 3 giorni in un contenitore chiuso oppure coperta con carta stagnola.

Kcal 442 | C 14,9 g | P 37,4 g | G 25,7 g

4 porz.
20 min
35 min
190°

TORTINO DI PATATE CON BRIE E PROSCIUTTO

TOAST CON COTTO, FORMAGGIO SPALMABILE ALLE OLIVE E POMODORI SECCHI

INGREDIENTI

4 fette di pane per toast
100 g prosciutto cotto
50 g formaggio spalmabile
40 g olive nere
40 g pomodori secchi sott'olio

PROCEDIMENTO

Frullare in un frullatore ad immersione le olive. Unirle al formaggio spalmabile e mescolare. Spalmare la crema precedentemente ottenuta su un lato di due fette. Metterci sopra i pomodori secchi e il prosciutto cotto. Coprire con l'altra fetta. Posizionare i due toast su carta stagnola e cuocere in friggitrice ad aria a 200° per 6 minuti, cambiando lato a metà cottura. Servire caldi.

2 porz.
5 min
6 min
200°

Kcal 346 | C 21,1 g | P 14 g | G 21,3 g

TRECCIA DI PASTA SFOGLIA CON SALMONE

INGREDIENTI

250 g pasta sfoglia rettangolare
400 g filetto di salmone senza pelle
200 g zucchine
100 g patate
50 g cipolla
1 tuorlo d'uovo
20 g semi di chia
Aglio in polvere
Prezzemolo tritato
Sale e pepe q.b.

PROCEDIMENTO

Lavare le zucchine e le patate. Togliere la buccia alle patate. Tagliare a dadini le zucchine, le patate e la cipolla. Mettere le verdure in una ciotola, aggiungere l'olio e il sale e mettere nel cestello della friggitrice ad aria. Cuocere a 180° per 8 minuti, mescolando di tanto in tanto. Nel frattempo, insaporire il salmone e successivamente alle verdure, scottare il salmone in friggitrice ad aria a 190° per 5 minuti; successivamente, farlo intiepidire. Frullare le verdure ed aggiungere sale, pepe, aglio in polvere e prezzemolo tritato. Srotolare il rotolo di pasta sfoglia su un piano di lavoro, mettere al centro il filetto di salmone e adagiare sopra le verdure frullate. Incidere i lati della pasta sfoglia in eccesso in orizzontale ed un po' in diagonale ed alternare un lato ad un altro in modo da formare una treccia. Richiudere bene le eventuali fessure. Spennellare la superficie con il tuorlo sbattuto e cospargere di semi di chia. Mettere la treccia nel cestello della friggitrice e cuocere in friggitrice ad aria a 180° per 25 minuti, girandola a metà cottura. Lasciar intiepidire prima di servire. Consumare calda o fredda. Conservare in frigo in un contenitore chiuso per massimo 3 giorni.

4 porz.
15 min
38 min
180° - 190°

Kcal 514 | C 30 g | P 25,3 g | G 32,2g

CROSTATA SALATA SBRICIOLATA CON BROCCOLI E MONTE VERONESE

8 porz.

10 min +
30 min
riposo

25 min

160°

INGREDIENTI

PER LA PASTA FROLLA
250 g farina di riso
150 g burro
80 g monte veronese
3 g sale
1 uovo medio
Un pizzico di pepe
PER IL RIPIENO
400 g boccolo
40 g monte veronese
200 g panna da cucina
200 g latte intero
2 uova medie
1 spicchio d'aglio
Peperoncino in polvere
2 filetti di acciughe
Sale e pepe q.b.

PROCEDIMENTO

Per la pasta frolla unire in una ciotola il burro leggermente ammorbidito, assieme a sale, pepe, monte veronese grattugiato ed impastare; aggiungere l'uovo e continuare a impastare. Aggiungere infine la farina ed impastare un'ultima volta. Formare una palla e far riposare per 30 minuti in frigo, avvolta nella pellicola. Nel frattempo, portare a bollore una pentola d'acqua salata. Pulire il broccolo e preservarne le cime; sbollentarle per 3 minuti in acqua salata. Scolare i broccoli e metterli in una ciotola con acqua e ghiaccio. Tagliare a pezzi i broccoli. In un tegame scaldare l'olio con il peperoncino, l'aglio e le acciughe. Aggiungere i broccoli, sale, pepe e saltare a fiamma viva per 5 minuti. Spegnere il fuoco e mettere da parte. Unire in una ciotola la panna fresca, il latte, le uova, sale e pepe e mescolare il tutto. Stendere la pasta frolla e stenderla in una tortiera, precedentemente imburrata e infarinata. Preriscaldare la friggitrice ad aria a 160°. Distribuire i broccoli sulla pasta frolla e riempire fino all'orlo con il composto di panna preparato precedentemente. Distribuire infine il monte veronese grattugiato e sbriciolarvi sopra la pasta frolla avanzata. Cuocere in friggitrice ad aria per 15 minuti e altri 5 minuti a 180°. Servire calda o fredda. Conservare in frigo per massimo 3 giorni.

Kcal 419 | C 28,3 g | P 12,2 g | G 29,5 g

TORTA SALATA CON ZUCCA, STRACCHINO E SPECK

6 porz.

10 min

25 min

170°

INGREDIENTI

1 rotolo di pasta brisée rotondo
350 g polpa di zucca
100 g sticks di speck
100 g stracchino
40 g fontina
30 g grana grattugiato
1 uovo medio
2 tuorli
20 g semi di zucca
1 pizzico di paprika dolce
1 pizzico di aglio e cipolla in polvere
1 pizzico di rosmarino secco
1 pizzico di maggiorana
Sale e pepe q.b.

PROCEDIMENTO

In una ciotola unire la polpa di zucca, lo speck, lo stracchino, l'uovo, un tuorlo, la fontina sminuzzata, il grana grattugiato, le spezie e mescolare fino ad ottenere un composto omogeneo. Distribuire la pasta brisée su una tortiera, bucherellare con una forchetta. Versare il composto con la zucca sulla pasta brisée, livellare e richiudere i bordi. In una tazzina unire il tuorlo alla paprika e ad un pizzico di sale. Distribuire il tuorlo e successivamente i semi di zucca sulla superficie della pasta brisée. Cuocere nella friggitrice ad aria precedentemente preriscaldata a 170° per 25 minuti circa. Servire calda. Conservare in frigo in un contenitore chiuso.

Kcal 338 | C 19,1 g | P 16,7 g | G 21,3 g

INVOLTINI DI VERZA CON SALSICCIA E SCAMORZA

INGREDIENTI

400 g foglie di verza grandi
300 g salsiccia di maiale
100 g scamorza
1 uovo medio
30 g parmigiano grattugiato
30 g pangrattato
50 g mozzarella grattugiata
10 g olio extravergine d'oliva
Aglio secco in polvere
Rosmarino secco
Insaporitore per carne
Paprika dolce
Sale e pepe q.b.

PROCEDIMENTO

Rimuovere la parte più dura della verza e delle foglie di verza. Portare a bollore una pentola d'acqua salata e sbollentare le foglie di verza per 5 minuti. Trasferirle in un canovaccio e farle raffreddare. Nel frattempo, rimuovere il budello dalla salsiccia e metterla in una ciotola. Unire l'uovo, il parmigiano, il pangrattato, spezie e impastare con le mani fino ad ottenere un composto omogeneo. Tagliare a cubetti la scamorza. Posizionare una foglia di verza su un tagliere, tagliarla a metà e farcire con il composto di macinato e al centro un paio di cubetti di scamorza. Chiudere su se stesso l'involtino e ripetere in questo modo con le altre fette, fino ad esaurimento degli ingredienti. Posizionare gli involtini in una pirofila, versare l'olio a filo e cospargere di mozzarella grattugiata. Preriscaldare la friggitrice ad aria a 180° per un paio di minuti. Cuocere in friggitrice ad aria per circa 15 minuti. Servire. Conservare in frigo in un contenitore chiuso per 3-4 giorni oppure congelare.

Kcal 476 | C 10,7 g | P 28,5 g | G 35,4 g

4 porz.

15 min

20 min

180°

CONTORNI

PANNOCCHIETTE DI MAIS CON SEMI DI SESAMO

INGREDIENTI

400 g pannocchiette di mais precotte
16 g olio extravergine d'oliva
10 g semi di sesamo
Sale e pepe q.b.
Paprika dolce
Spezie a piacere

PROCEDIMENTO

Spennellare le pannocchie con l'olio d'oliva. Unire i semi di sesamo con le spezie. Passare le pannocchiette nei semi di sesamo e metterle su un foglio di carta stagnola. Cuocere in friggitrice ad aria a 200° per 20 minuti. Girarle spesso. Servire calde.

Kcal 170 | C 13,3 g | P 3,4 g | G 9,8 g

2 porz.
5 min
20 min
200°

BROCCOLI CROCCANTI CON ACCIUGHE

INGREDIENTI

500 g broccoli
30 g pangrattato
30 g parmigiano grattugiato
15 g olio extravergine d'oliva
4 filetti di acciughe sott'olio
Aglio in polvere
Rosmarino in polvere
Sale e pepe q.b.

PROCEDIMENTO

Lavare i broccoli e ricavarne le cime. Portare ad ebollizione una pentola d'acqua salata e sbollentare i broccoli per 5 minuti. Scolarli e passarli sotto l'acqua fredda. Metterli in una ciotola ed aggiungere le acciughe tritate e tutti gli altri ingredienti. Mescolare per bene. Distribuire i broccoli su carta da forno e cuocere a 180° per 12 minuti, mescolando a metà cottura. Servire caldi.

Kcal 257 | C 15,7 g | P 17,1 g | G 13 g

2 porz.
7 min
17 min
180°

PATATE SABBIOSE

INGREDIENTI

800 g patate
60 g pangrattato
60 g parmigiano grattugiato
6 g olio extravergine d'oliva
Paprika piccante e affumicata
Rosmarino secco
Sale e pepe q.b.

PROCEDIMENTO

Lavare le patate. Si possono sbucciare come anche no, a seconda di come le si preferiscono. Tagliarle a cubetti e lavarle con abbondante acqua fredda. Asciugarle, tamponandole con un canovaccio. Mettere in una ciotola ed aggiungere tutti gli altri ingredienti; mescolare per bene. Preriscaldare la friggitrice ad aria a 200° per 3 minuti. Cuocere le patate sabbiose a 180° per 20 minuti, scuotendo il cestello varie volte in modo da permettere una cottura uniforme. Servire calde. Conservare in frigo per massimo 2 giorni.

Kcal 296 | C 47,5 g | P 10,5 g | G 8,2 g

4 porz.
10 min
20 min
180°

FLAN DI PORRI

INGREDIENTI

500 g porri (circa 1 kg compresi gli scarti)
80 g besciamella pronta
1 uovo medio
20 g pangrattato
40 g grana grattugiato
40 g burro
Prezzemolo tritato
Sale e pepe q.b.

PROCEDIMENTO

Eliminare il gambo verde dei porri e lavarli per bene all'interno. Tagliarli a rondelle sottili. Scaldare una padella con 20 g di burro; aggiungere sale e pepe e cuocere per una decina di minuti, mescolando di tanto in tanto. Aggiungete un mestolo di brodo vegetale caldo e cuocere ancora per altri 10 minuti. Tenere da parte 3 cucchiai di porro e il restante, frullarlo con il prezzemolo fino ad ottenere un composto cremoso. Metterlo in una ciotola ed aggiungere l'uovo, la besciamella, il grana grattugiato. Mescolare rapidamente. Imburrare 4 formine di alluminio e distribuire il pangrattato. Versarci all'interno il composto di porri e cuocere a 180° per 10/15 minuti, fino a che non risulteranno gonfi e dorati in superficie. Servire caldi con i porri a fette rimasti e una spolverata di pepe. Conservare in frigo coperto con pellicola per massimo 2 giorni.

4 porz.
20 min
15/20 min
180°

Kcal 255 | C 23,9 g | P 8,2 g | G 14,6 g

CIPOLLINE GRATINATE

INGREDIENTI

500 g cipolle borettane
60 g pangrattato
35 g grana grattugiato
10 g olio extravergine d'oliva
Un pizzico di origano secco
Aglio secco in polvere
Prezzemolo tritato
Sale e pepe q.b.

PROCEDIMENTO

Pulire le cipolle e far andare in friggitrice ad aria a 170° per 6 minuti. In una ciotola unire il pangrattato, il grana grattugiato, le spezie e 5 g d'olio e mescolare. Mettere le cipolle su carta da forno e distribuire sopra il composto di pangrattato. Spuzzare le cipolle con l'olio rimasto. Preriscaldare la friggitrice ad aria a 200° per 3 minuti. Cuocere a 180° per 10 minuti e successivamente a 200° per 7-8 minuti. Servire e consumare calde.

4 porz.
5 min
20 min
200°

Kcal 150 | C 17,9 g | P 5,7 g | G 5,7 g

FAGIOLINI ALL'OLIO E POMODORINI

INGREDIENTI

500 g fagiolini surgelati
200 g pomodorini
10 g olio extravergine d'oliva
1 spicchio d'aglio
Sale e pepe q.b.

PROCEDIMENTO

Mettere in una ciotola tutti gli ingredienti, ad eccezione dello spicchio d'aglio e mescolare. Cuocere in friggitrice ad aria a 180° per 10 minuti. Tritare l'aglio ed aggiungerlo ai fagiolini. Servire caldi.

2 porz.
10 min
10 min
180°

Kcal 107 | C 10,1 g | P 6,2 g | G 5 g

FLAN DI CIME DI RAPA

INGREDIENTI

500 g cime di rapa
20 g pangrattato
40 g pecorino grattugiato
10 g olio extravergine d'oliva
1 uovo medio
15 g burro
Aglio secco in polvere
Sale e pepe q.b.

PROCEDIMENTO

Pulire e sbollentare in abbondante acqua salata le cime di rapa. Scaldare una padella con olio e aglio ed aggiungere le cime di rapa scolate. Aggiungere sale e pepe e cuocere per circa 10 minuti o fino a quando, non si sarà asciugata l'acqua di cottura, a fiamma vivace, mescolando di tanto in tanto. Mettere le cime di rapa in una ciotola e far raffreddare 15 minuti circa. Aggiungere il pecorino grattugiato, l'uovo e mescolare fino ad ottenere un composto omogeneo. Imburrare 4 pirottini e cospargerli di pangrattato. Riempirli con il composto di cime di rapa, livellare ed ultimare con pangrattato e riccioli di burro. Cuocere in friggitrice ad aria a 190° per 10 minuti. Servire caldi. Conservare in frigo per massimo 2 giorni coperti con pellicola.

Kcal 155 | C 7,1 g | P 8,1 g | G 10,2 g |

4 porz.
20 min
20 min
190°

FRIGGITELLI FRITTI

INGREDIENTI

500 g friggitelli verdi e rossi
200 g pomodorini
10 g olio extravergine d'oliva
1 cucchiaio di capperi
Aglio in polvere
Sale e pepe q.b.

PROCEDIMENTO

Preriscaldare la friggitrice ad aria a 200° per 5 minuti. Lavare i friggitelli ed unirli al resto degli ingredienti. Mettere il tutto nel cestello della friggitrice a cuocere a 200° per 15/20 minuti, scuotendo il cestello varie volte. Servire caldi.

Kcal 129 | C 17,8 g | P 3 g | G 5,2 g |

2 porz.
10 min
10 min
200°

ASPARAGI BIANCHI CON BESCIAMELLA

INGREDIENTI

600 g asparagi bianchi
200 g besciamella
40 g pangrattato
40 g parmigiano grattugiato
15 g olio extravergine d'oliva
Sale e pepe q.b.

PROCEDIMENTO

Portare a bollore una pentola d'acqua. Lavare gli asparagi e rimuovere la parte dura del gambo. Sbollentare gli asparagi per 5 minuti. Scolarli e metterli in una pirofila. Aggiungere l'olio, il parmigiano grattugiato, sale e pepe e mescolare. Cospargere di besciamella ed ultimare con pangrattato. Cuocere in friggitrice ad aria a 180° per 15 minuti o fino a quando non si sia formata sulla superficie una crosticina. Servire caldi.

Kcal 215 | C 17,9 g | P 8 g | G 11,8 g |

4 porz.
10 min
20 min
180°

FAGIOLINI CROCCANTI

INGREDIENTI

350 g fagiolini
100 g farina 00
100 g pangrattato
20 g semi di sesamo bianchi e neri
15 g grana grattugiato
10 g olio extravergine d'oliva
Sale e pepe q.b.
Paprika dolce
Spezie a piacere

PROCEDIMENTO

Pulire i fagiolini e lessarli in abbondante acqua salata e bollente. Scolarli e passarli sotto l'acqua fredda. Metterli in un canovaccio e asciugarli. Unire in una ciotola la farina con sale, pepe ed un po' d'acqua. Aggiungerla a mano a mano e fino a creare una pastella densa e priva di grumi. In un piatto mettere il pangrattato, il grana grattugiato, il rosmarino, la paprika e i semi di sesamo e mescolare. Passare i fagiolini prima nella pastella e successivamente nel composto di pangrattato, prestando attenzione che ne siano completamente coperti. Mettere i fagiolini nel cestello della friggitrice ad aria, spruzzarli con l'olio d'oliva e cuocere a 180° per 6 minuti, scuotendo il cestello della friggitrice a metà cottura. Servire caldi.

Kcal 261 | C 41,4 g | P 8,9 g | G 7 g

4 porz.

10 min

16 min

180°

PIZZETTE DI MELANZANE

INGREDIENTI

500 g melanzane
200 g salsa di pomodoro datterino
60 g mozzarella
60 g scamorza affumicata
10 g olio extravergine d'oliva
Un pizzico di origano
1 cucchiaino di paprika dolce
Aglio in polvere
Basilico fresco
Sale e pepe q.b.

PROCEDIMENTO

Preriscaldare la friggitrice ad aria a 200° per 3 minuti. Lavare e mondare le melanzane e tagliarle a fette. Spennellare ogni fetta con l'olio d'oliva e cospargere di sale e pepe. Cuocere in friggitrice ad aria a 180° per 7 minuti. Unire in una ciotola la salsa di pomodoro e le spezie. Sminuzzare la mozzarella e grattugiare la scamorza. Girare le fettine dall'altro lato, distribuire la salsa sulle fettine. Proseguire la cottura a 180° per 5 minuti. Cospargere di mozzarella e scamorza e terminare la cottura sempre a 180° per altri 5 minuti. Servire calde.

Kcal 265 | C 11,3 g | P 16,3 g | G 17,6 g

2 porz.

10 min

17 min

180°

RADICCHIO GRATINATO

INGREDIENTI

400 g radicchio
70 g pangrattato
30 g parmigiano grattugiato
5 g olio extravergine d'oliva
Sale e pepe q.b.
Spezie a piacere

PROCEDIMENTO

Lavare il radicchio. Tagliarlo a fette più o meno spesse. Unire in un piatto il pangrattato con il parmigiano grattugiato, sale, pepe e spezie. Spennellarlo con l'olio e passarlo su ambo i lati nel composto con il pangrattato, premendo un po' con le mani. Cuocere in friggitrice ad aria a 190° per 12 minuti, cambiando lato a metà cottura. Servire caldo.

Kcal 232 | C 30,4 g | P 11,1 g | G 7,7 g

2 porz.
5 min
12 min
190°

EDAMAME CROCCANTI

INGREDIENTI

300 g edamame surgelati
10 g olio di semi di girasole
10 g semi di girasole
Erba cipollina secca
Sale e pepe q.b.

PROCEDIMENTO

Preriscaldare la friggitrice ad aria per 3 minuti a 160°. Mettere gli edamame su un foglio di carta da forno e cuocere a 160° per 5 minuti. Aggiungere anche gli altri ingredienti, mescolare e cuocere a 180° per 10 minuti, scuotendo il cestello un paio di volte. Servire subito con una sparpagliata di erba cipollina.

Kcal 257 | C 7,6 g | P 19,4 g | G 14,6 g

2 porz.
3 min
15 min
180°

ASPARAGI VERDI ARROSTITI

INGREDIENTI

500 g asparagi verdi surgelati
15 g olio extravergine d'oliva
Sale e pepe q.b.

PROCEDIMENTO

Preriscaldare la friggitrice ad aria a 180° per 5 minuti. Mettere gli asparagi in un contenitore, aggiungere olio, sale e pepe e mescolare. Cuocere per 10 minuti, scuotendo il cestello a metà cottura. Servire caldi.

Kcal 110 | C 4 g | P 4,8 g | G 6,8 g

2 porz.
5 min
10 min
180°

POMODORI ARROSTITI

INGREDIENTI

500 g pomodori San Marzano
40 g olio extra vergine d'oliva
1 spicchio d'aglio
Origano secco
Basilico fresco
Sale e pepe q. b.

PROCEDIMENTO

Tritare l'aglio e sminuzzare il basilico. Tagliare a metà i pomodori e metterli in una ciotola. Aggiungere l'olio, l'aglio tritato, l'origano, sale e pepe e mescolare. Distribuire i pomodori su un foglio di carta da forno, con la metà tagliata rivolta vero l'alto e cuocere in friggitrice ad aria a 190° per 25 minuti. Servire intiepiditi con basilico fresco sminuzzato.

Kcal 111 | C 3,5 g | P 1,5 g | G 9,3 g

4 porz.
5 min
25 min
190°

STICK DI PATATE AMERICANE

INGREDIENTI

300 g patata americana
15 g olio extravergine d'oliva
10 g pangrattato
10 g semi di sesamo
Rosmarino secco
Paprika dolce
Spezie a piacere

PROCEDIMENTO

Lavare le patate e sbucciarle. Tagliarle a bastoncini. Mettere in una pentola con acqua fredda e salata e portare a bollore; cuocere per un minuto. Scolare e tamponare con un panno assorbente. Unire tutti gli altri ingredienti in una ciotola e mescolare per bene. Cuocere in friggitrice ad aria a 180° per minuti e altri 10 minuti a 200° mescolando il tutto spesso. Servire accompagnate da salsine.

Kcal 241 | C 34,4 g | P 3,9 g | G 9,2 g

2 porz.
10 min
20 min
200°

POMODORINI CONFIT

INGREDIENTI

500 g pomodorini ciliegino
30 g zucchero di canna
1 spicchio d'aglio
40 g olio extravergine d'oliva
Timo fresco
Origano secco
Sale e pepe q. b.

PROCEDIMENTO

Tagliare a metà i pomodorini e metterli in una ciotola. Aggiungere lo zucchero, l'olio d'oliva, le spezie e mescolare. Distribuire i pomodori su un foglio di carta da forno, con la metà tagliata rivolta vero l'alto. Cuocere in friggitrice ad aria a 160° per 10 minuti. Alzare la temperatura a 180° e cuocere altri 5 minuti. Ultimare la cottura a 200° per altri 7-8 minuti. Servire.

Kcal 141 | C 11 g | P 1,5 g | G 9,3 g

4 porz.
5 min
23 min
160° - 180°

CAVOLFIORE CON BESCIAMELLA

INGREDIENTI

400 g cavolfiore
250 g latte intero
20 g burro
20 g farina 00
30 g parmigiano grattugiato
Un pizzico di noce moscata
Un pizzico di gomma di xantano
Sale e pepe q.b.

PROCEDIMENTO

Portare ad ebollizione una pentola d'acqua salata. Pulire il cavolfiore e mantenere solo le cime. Sbollentare il cavolfiore per 5 minuti. Nel frattempo sciogliere in un tegame il burro, unire la farina e mescolare con la frusta. Lasciar cuocere a fiamma bassa per un paio di minuti, continuando a mescolare. Unire il latte a filo e mescolare con la frusta, fino a raggiungere il bollore. Trascorsi due minuti dal bollore, togliere dal fuoco, aggiungere la noce moscata ed un pizzico di sale. Preriscaldare la friggitrice ad aria a 200°. Scolare il cavolfiore metterlo in una pirofila o in una teglia di alluminio, distribuire sopra la besciamella, il parmigiano grattugiato e cuocere per 15 minuti. Servire con una spolverata di pepe.

4 porz.
5 min
20 min
200°

Kcal 151 | C 9,5 g | P 9,5 g | G 9 g

NIDI DI CAROTE

INGREDIENTI

600 g carote
12 g olio extravergine d'oliva
Sale e pepe q.b.
Paprika dolce
Spezie a piacere

PROCEDIMENTO

Preriscaldare la friggitrice ad aria a 180° per 5 minuti. Lavare e pelare le carote. Formare gli spaghetti di carota con uno spiralizzatore o un pelapatate. Mettere tutti gli ingredienti in una ciotola e mescolare per bene. Distribuire su un foglio di carta da forno e cuocerle per 10 minuti, mescolando a metà cottura. Cuocere per altri 5 minuti a 190°. Servire intiepidite.

2 porz.
5 min
15 min
190°

Kcal 159 | C 22,8 g | P 3,3 g | G 6 g

CAVOLINI DI BRUXELLES CON SEMI DI SESAMO

INGREDIENTI

200 g cavolini di Bruxelles
30 g olio extravergine d'oliva
20 g parmigiano grattugiato
20 g semi di sesamo
Maggiorana secca
Sale e pepe q.b.

PROCEDIMENTO

Portare ad ebollizione una pentola d'acqua salata. Lavare i cavolini e rimuovere la parte più dura. Sbollentare i cavolini per 5 minuti. Scolarli, metterli in una ciotola con tutti gli altri ingredienti e mescolare per bene. Preriscaldare la friggitrice ad aria a 180°. Inserirli nel cestello della friggitrice ad aria e cuocere per 5 minuti. Mescolare e cuocere per altri 5 minuti. Tirarli fuori solo quando risultano morbidi alla forchetta. Servire.

2 porz.
13 min
15/20 min
190°

Kcal 267 | C 4,8 g | P 9,5 g | G 21,6 g

PEPERONI ARROSTITI

INGREDIENTI

300 g peperoni gialli e rossi
200 g peperoni verdi
20 g olio extravergine d'oliva
Aglio secco
Origano secco
1 cucchiaio di aceto balsamico
Prezzemolo tritato
Sale e pepe q.b.

PROCEDIMENTO

Lavare i peperoni e cuocere in friggitrice ad aria per 25 minuti a 200°. Mettere i peperoni in un sacchettino di plastica e chiudere; lasciar riposare i peperoni per 5 minuti. Spellarli, tagliarli a strisce e unire tutti gli ingredienti in una ciotola. Mescolare per bene e servire.

Kcal 163 | C 16,1 g | P 2,1 g | G 9,37g

2 porz.
5 min
25 min
200°

CAROTE A RONDELLE

INGREDIENTI

500 g carote
40 g burro
Aglio secco
Prezzemolo tritato
Sale e pepe q.b.

PROCEDIMENTO

Lavare le carote e pelarle. Tagliarle a rondelle spesse circa 2 centimetri. Metterle in una teglia, aggiungere aglio in polvere, prezzemolo, sale e pepe e il burro in ciuffetti. Cuocere a 190° per 20 minuti, mescolando spesso. Servire intiepidite.

Kcal 239 | C 19,2 g | P 2,9 g | G 17,2 g

2 porz.
7 min
20 min
190°

CHAMPIGNON AL BURRO

INGREDIENTI

500 g funghi champignon
40 g burro
20 g semi di girasole
Aglio in polvere
Prezzemolo tritato
Sale e pepe q.b.

PROCEDIMENTO

Rimuovere la parte terrosa dei funghi. Pulirli con un panno inumidito, senza lavarli. Tagliarli a fettine. Preriscaldare la friggitrice ad aria a 180°. Sciogliere il burro al microonde o in un pentolino. Aggiungere tutti gli ingredienti in una ciotola e mescolare per bene. Inserire il tutto in una pirofila e cuocere per 17 minuti, mescolando un paio di volte durante la cottura. Servire con un spolverata di prezzemolo tritato.

Kcal 264 | C 3 g | P 12,3 g | G 21,6 g

2 porz.
7 min
17 min
180°

ZUCCHINE ALLA SCAPECE

INGREDIENTI

500 g zucchine
30 g olio extravergine d'oliva
2 spicchi d'aglio
10 foglie di menta
1 cucchiaio di aceto bianco
Prezzemolo tritato
Un pizzico di peperoncino
Sale e pepe q.b.

PROCEDIMENTO

Preriscaldare la friggitrice ad aria a 200°. Sminuzzare 7 foglie di menta e tritare l'aglio. Tagliare a rondelle le zucchine. Mettere nella ciotola tutti gli ingredienti, ad eccezione dell'aceto e mescolare per bene. Posizionare le zucchine nel cestello della friggitrice ad aria e cuocere per 15 minuti, mescolando a metà cottura. Servire con una sparpagliata di aceto e foglioline di menta fresca.

Kcal 162 | C 3,5 g | P 3,3 g | G 13,8 g

2 porz.
5 min
15 min
200°

MELANZANE ALLA FETA

INGREDIENTI

300 g melanzane
100 g feta greca DOP
10 g olio extravergine d'oliva
Aglio in polvere
Paprika dolce
Un pizzico di origano
Sale e pepe q.b.

PROCEDIMENTO

Preriscaldare la friggitrice ad aria a 180°. Tagliare a fette le melanzane di circa mezzo centimetro di spessore. Mescolare l'olio d'oliva con le spezie e spennellare le melanzane da entrambi i lati. Infilzare le varie fette di melanzane con dei bastoncini lunghi come se fosse uno spiedino, lasciando un po' di spazio tra una fetta e l'altra. Cuocere per 12 minuti. Distribuire le fettine di melanzana su un foglio di alluminio, distribuire la feta sbriciolata e ripetere l'operazione. Cuocere per altri 5 minuti. Servire.

Kcal 226 | C 4,2 g | P 10,7 g | G 18,1 g

2 porz.
10 min
12 min
180°

PATATINE DI SEDANO RAPA

INGREDIENTI

300 g sedano rapa
16 g olio extravergine d'oliva
1 cucchiaino di paprika dolce
Aglio in polvere
Rosmarino secco
Sale e pepe q.b.

PROCEDIMENTO

Sciacquare il sedano rapa. Pelarlo con l'aiuto di un pelapatate e sciacquarlo di nuovo. Tagliarlo a metà e successivamente a listarelle. Mettere le patatine in una ciotola; unire le spezie, l'olio d'oliva e mescolare per bene. Congelare le patatine per 30 minuti. Preriscaldare la friggitrice ad aria a 200° per 3 minuti. Cuocere per 10 minuti e servire calde con salse.

Kcal 115 | C 5,7 g | P 2,9 g | G 7,4 g

2 porz.
6 min
10 min
200°

RATATOUILLE

INGREDIENTI

200 g melanzane
200 g zucchine
200 g patate
100 g peperone verde
200 g peperoni gialli e rossi
200 g pomodori ramati
40 g olio extravergine d'oliva
20 g parmigiano grattugiato
Timo, prezzemolo, basilico, origano
½ cucchiaino di paprika dolce
Prezzemolo tritato
Sale e pepe q.b.

PROCEDIMENTO

Tagliare a fettine le patate sottili dello spessore di mezzo centimetro e immergerle in acqua fredda con un pizzico di sale per 10-15 minuti. Tamponarle con un panno assorbente. Tagliare a fette sempre di mezzo centimetro, tutte le altre verdure. Preriscaldare la friggitrice ad aria a 200°. Mettere tutti gli ingredienti in una ciotola, mescolare per bene. Disporre tutte le fettine di verdure in piedi in una pirofila, lasciando un po' di spazio tra una fettina e l'altra. Cuocere per 15-20 minuti circa. Servire con una sparpagliata di prezzemolo.

Kcal 198 | C 17,2 g | P 5,1 g | G 11,6 g

2 porz.
13 min + 15 min riposo
15/20 min
200°

FINOCCHI GRATINATI AL CURRY

INGREDIENTI

400 g finocchi
30 g parmigiano grattugiato
30 g pangrattato
20 g olio extravergine d'oliva
1 cucchiaino raso di curry dolce
½ cucchiaino di paprika dolce
Prezzemolo tritato
Sale e pepe q.b.

PROCEDIMENTO

Tagliare a fettine sottili i finocchi. Preriscaldare la friggitrice ad aria a 180°. Mettere i finocchi in una ciotola con tutti gli altri ingredienti e mescolare per bene. Distribuire i finocchi su un foglio di carta da forno bagnato e strizzato e cuocere in friggitrice ad aria per 20 minuti, mescolando a metà cottura. Cuocere per altri 5 minuti a 200°. Servire con una sparpagliata di prezzemolo tritato.

Kcal 221 | C 13,7 g | P 8,7 g | G 13,8 g

2 porz.
5 min
20 min
200°

PATATINE DI ZUCCA

INGREDIENTI

300 g zucca
20 g olio extravergine d'oliva
Aglio in polvere
Rosmarino secco
Paprika dolce
Sale e pepe q.b.

PROCEDIMENTO

Preriscaldare la friggitrice ad aria a 160°. Pelare la zucca, tagliarla a fettine spesse mezzo centimetro, metterla in una ciotola ed unire tutti gli altri ingredienti. Disporli in piedi su un foglio di carta da forno; volendo si può utilizzare un bastoncino lungo ed infilzare le fette, lasciando un po' di spazio tra una fettina e l'altra. Cuocere in friggitrice ad aria per 15 minuti. Alzare la temperatura a 200° e cuocere per altri 5 minuti. Servire calde.

Kcal 117 | C 5,3 g | P 1,7 g | G 9,2 g

16 porz.

10 min

20 min

200°

DOLCI E DESSERT

TORTA AL CIOCCOLATO BIANCO

INGREDIENTI

250 g formaggio spalmabile
250 g cioccolato bianco
6 uova medie
Aroma di vaniglia
Zucchero a velo q.b.

PROCEDIMENTO

Mettere il cioccolato bianco in una ciotola e scioglierlo a bagnomaria o al microonde. Aggiungere il formaggio spalmabile, l'aroma di vaniglia e mescolare con una spatola. Mettere gli albumi in un'altra ciotola ed unire, uno alla volta i tuorli, mescolando. Montare a neve gli albumi ed aggiungerli delicatamente al resto del composto. Versare l'impasto in una tortiera rivestita con carta da forno. Mettere un po' d'acqua nel fondo del cestello (circa una tazza) e preriscaldare la friggitrice ad aria a 160° per 5 minuti. Cuocere a 160° per 25 minuti. Lasciar raffreddare per 15 minuti in friggitrice ad aria, spenta e chiusa. Servire una volta raffreddata completamente, con una spolverata di zucchero a velo.

Kcal 265 | C 13 g | P 6,7 g | G 20 g

2 porz.
5 min
15 min
160°

CROSTATA CON CAPRINO E MARMELLATA DI CILIEGIE

INGREDIENTI

300 g farina 00
90 g zucchero
160 g burro
1 uovo grande
200 g marmellata di ciliegie
200 g caprino
200 g ricotta
20 g zucchero a velo
Aroma di vaniglia

PROCEDIMENTO

Mettere il burro in una ciotola ed ammorbidirlo. Aggiungere lo zucchero, l'aroma di vaniglia e frullare con delle fruste elettriche fino ad ottenere un composto omogeneo. Aggiungere anche l'uovo e frullare ancora. Aggiungere mano a mano la farina setacciata, impastando velocemente con le mani, fino ad ottenere un impasto liscio ed omogeneo. Avvolgere l'impasto in un foglio di pellicola trasparente e far riposare in frigo per 20 minuti. Unire in una ciotola il caprino, la ricotta e lo zucchero a velo; mescolare. Stendere i ¾ della pasta frolla con un mattarello, spolverando il piano di lavoro con la farina. Distribuire la base su una tortiera ricoperta con carta da forno e bucherellarla. Aggiungere il composto di caprino e successivamente la marmellata. Livellare con un coltello. Con la pasta frolla avanzata formare delle strisce e adagiare sulla marmellata, creando una griglia. Preriscaldare la friggitrice ad aria a 180° per 20 minuti. Far raffreddare prima di servire. Conservare in frigo in una tortiera o coperta con carta stagnola.

Kcal 406 | C 47,8 g | P 7 g | G 20,7 g

10 porz.
10 min + 20 min riposo
20 min
180°

FRITTELLE DI RISO CON UVETTA E NOCI

INGREDIENTI

- 600 g latte intero
- 200 g riso vialone nano
- 80 g uvetta
- 80 g noci
- 80 g burro
- 50 g zucchero
- 2 uova grandi
- 10 g olio di semi di girasole
- 20 g zucchero a velo
- Un pizzico di sale
- Aroma di rum
- Buccia grattugiata di 1 arancia
- Buccia grattugiata di 1 limone

PROCEDIMENTO

30 porz.

15 min + 2 ore riposo

15 min

160°

Mettere l'uvetta in una ciotolina con acqua tiepida. Mettere il latte in una pentolino. Aggiungere metà burro e il sale. Scaldare ed aggiungere metà dello zucchero, mescolando. Portare a bollore ed aggiungere le scorze grattugiate di limone e arancia e il riso. Cuocere il riso con un leggero bollore fino a quando il riso stesso, non avrà assorbito tutto il latte. Aggiungere lo zucchero e il burro rimasti e mescolare. Togliere dal fuoco e far raffreddare per un paio d'ore o tutta la notte. Montare a neve ben ferma gli albumi. Mettere in una ciotola i tuorli e sbatterli con una frusta elettrica. Aggiungere i tuorli al riso e mescolare. Aggiungere delicatamente anche gli albumi e mescolare delicatamente. Aggiungere l'aroma di rum, l'uvetta scolata e strizzata e le noci tritate grossolanamente. Mescolare ancora fino ad ottenere un impasto duro e compatto. Formare delle pallotte aiutandosi con due cucchiai e mettere su un foglio di carta da forno. Spruzzare con l'olio di semi. Preriscaldare la friggitrice ad aria a 200° per 3 minuti. Cuocere in friggitrice ad aria a 200° per 12 minuti, scuotendo il cestello della friggitrice ad aria a metà cottura. Lasciar intiepidire, cospargere di zucchero a velo e servire. Conservare in frigo in un contenitore chiuso per massimo 3 giorni.

Kcal 102 | C 10,9 g | P 2,2 g | G 5,4 g

ROSE DEL DESERTO CON UVETTA E GOCCE DI CIOCCOLATO

INGREDIENTI

- 150 g farina 00
- 100 g farina di mandorle o mandorle tritate
- 150 g zucchero
- 150 g burro
- 50 g amido di mais
- 3 uova medie
- 180 g fiocchi di mais
- 40 g uvetta
- 40 g gocce di cioccolato
- Lievito per dolci (1 bustina)
- Aroma di vaniglia
- Un pizzico di sale

PROCEDIMENTO

20 porz.

10 min + 75 min riposo

12 min

170°

Ammorbidire il burro 30 secondi al microonde oppure tenerlo a temperatura ambiente. Metterlo in una ciotola con zucchero, sale e aroma di vaniglia e montare con le fruste elettriche per un paio di minuti. Aggiungere, sempre frullando, le uova una alla volta. Aggiungere la farina, l'amido di mais, la farina di mandorle, il lievito e mescolare con una spatola. Aggiungere l'uvetta e le gocce di cioccolato e mescolare ancora. Far riposare l'impasto per 15 minuti in frigo. Con un cucchiaio prendere un po' di impasto, formare delle polpettine e passarle nei fiocchi di mais. Disporre su un foglio di carta da forno e far riposare in congelatore per 60 minuti. Cuocere in friggitrice ad aria a 170° per 12 minuti, cambiando lato a metà cottura. Servire una volta freddi. Conservare in un contenitore di latta per 5-6 giorni.

Kcal 213 | C 25,8 g | P 3,9 g | G 10,3 g

MUFFIN GOLOSI

INGREDIENTI

- 80 g farina 00
- 30 g cacao zuccherato
- 60 g crema alle nocciole e cacao
- 40 g latte intero
- 40 g zucchero
- 1 uovo grande
- 8 g lievito per dolci

PROCEDIMENTO

Setacciare gli ingredienti secchi ed unirli. Mescolare tutti gli ingredienti fino ad ottenere un composto omogeneo. Imburrare e infarinare 4 pirottini di alluminio e riempirli fino a metà. Preriscaldare la friggitrice ad aria per un paio di minuti a 160°. Cuocere per 15 minuti. Servire una volta intiepiditi.

Kcal 245 | C 44,7 g | P 9,1 g | G 8,7 g

4 porz.

10 min

15 min

160°

CIAMBELLINE ZUCCHERATE

INGREDIENTI

- 350 g farina 00
- 100 g zucchero
- 70 g olio di semi di girasole
- 200 g latte intero
- Aroma di vaniglia
- 10 g lievito fresco

PROCEDIMENTO

Sciogliere il lievito con un po' di latte tiepido. Mettere la farina su un piano di lavoro o in una ciotola; aggiungere lo zucchero, il latte ed impastare con le mani o con una planetaria. Aggiungere 50 g di olio di semi a filo, l'aroma di vaniglia e il lievito, continuando ad impastare. Lavorare l'impasto fino ad ottenere un composto omogeneo e liscio. Far lievitare a forno spento per 2 ore. Formare 12 ciambelline e lasciar lievitare su un foglio di carta da forno per 40 minuti. Spennellare con l'olio rimasto e cuocere in friggitrice ad aria preriscaldata a 160° per 10 minuti. Cambiare lato a metà cottura. Mettere lo zucchero in un piatto e passare le ciambelline nello zucchero. Servire. Conservare in un sacchetto di plastica chiuso per massimo 3 giorni.

Kcal 343 | C 44 g | P 7,5 g | G 15,4 g

8 porz.

12 min

30 min

160°

MINI CORNETTI VELOCI RIPIENI

INGREDIENTI

- 1 rotolo di pasta sfoglia rotonda (230 g)
- 100 g crema spalmabile alle nocciole
- 1 tuorlo d'uovo
- 30 g zucchero semolato

PROCEDIMENTO

Srotolare la pasta sfoglia. Ritagliare 8 triangoli di uguali dimensioni con un coltello. Mettere nella base di ogni triangolo un cucchiaino di crema spalmabile alle nocciole. Arrotolare la pasta sfoglia in modo da dare la classica forma di cornetto. Posizionare i cornetti su un foglio di carta da forno e spennellare con il tuorlo d'uovo sbattuto. Spolverare con lo zucchero e cuocere in friggitrice ad aria a 200° per 15 minuti. Servire caldi. Conservare in una tortiera chiusa per massimo 2 giorni.

Kcal 205 | C 21,5 g | P 3,2 g | G 11,4 g

8 porz.

10 min

25 min

200°

BISCOTTI SPACCATI AL LIMONE

INGREDIENTI

300 g farina 00
105 g olio di semi di girasole
130 g zucchero
100 g di zucchero a velo
1 uovo grande
1 limone (succo + buccia grattugiata)
Scorza grattugiata di 1 limone
4 g lievito per dolci
Aroma di vaniglia
Zucchero a velo q.b.

PROCEDIMENTO

Mettere in una ciotola l'olio, 100 g di zucchero, la buccia grattugiata dei limoni e l'aroma di vaniglia. Montare con le fruste elettriche fino ad ottenere un composto spumoso. Aggiungere l'uovo e il succo di limone a fino, continuando a frullare. Unire la farina e il lievito setacciati assieme ed impastare velocemente con le mani. Avvolgere l'impasto con la pellicola e far riposare in frigo per mezz'ora. Dare la forma di palline a circa 30 biscotti e passarli prima nello zucchero semolato, poi nello zucchero a velo, fino a che non ne siano completamente coperti. Metterli su un foglio di carta da forno e cuocere a 180° per 10 minuti. Far raffreddare prima di servire. Conservare in una scatola di latta o di vetro chiusa per massimo 10 giorni.

Kcal 97 | C 15,2 g | P 1,2 g | G 3,6 g

30 porz.
10 min + 30 min riposo
10 min
180°

CANESTRELLI IN FRIGGITRICE

INGREDIENTI

100 g farina 00
150 g fecola di patate
150 g burro
80 g zucchero a velo
3 tuorli d'uovo cotti
Aroma di vaniglia in polvere
Un pizzico di sale
2 g lievito per dolci
Zucchero a velo q.b.

PROCEDIMENTO

Unire in una ciotola gli ingredienti secchi, setacciati. Aggiungere i tuorli sbriciolati, il burro ammorbidito ed impastare velocemente con le mani. Formare una palla omogenea e far riposare in frigo coperto con pellicola per 20 minuti. Stendere l'impasto con un mattarello e dare le forma di canestrelli. Posizionare i canestrelli su un foglio di carta da forno, senza sovrapporli l'un con l'altro e cuocere in friggitrice ad aria a 160° per 10 minuti. Far raffreddare prima di spolverare con zucchero a velo e quindi servire. Conservare in un contenitore di latta o di vetro chiuso per massimo 10 giorni.

Kcal 84 | C 9,9 g | P 0,6 g | G 4,7 g

30 porz.
10 min + 30 min riposo
10 min
160°

MUFFIN RIPIENI DI MARMELLATA DI LIMONE

INGREDIENTI

- 125 g di farina 00
- 125 g farina integrale
- 60 g di zucchero grezzo di canna
- 2 uova medie
- 80 g di latte intero
- 100 g di burro
- 150 g marmellata di limoni
- Lievito per dolci (1 bustina)
- Un pizzico di sale

PROCEDIMENTO

Sciogliere al microonde il burro. In una ciotola unire insieme gli ingredienti liquidi, compresa 10 g di marmellata e mescolare con una frusta. Aggiungere anche gli altri ingredienti e mescolare nuovamente. Imburrare e infarinare degli stampi per muffin. Versare un cucchiaio di impasto e un cucchiaino di marmellata al centro. Coprire con un altro cucchiaio di impasto. Preriscaldare la friggitrice ad aria a 160° per 3 minuti. Cuocere i muffin per 15 minuti. Farli raffreddare prima di sfornare. Servire una volta intiepiditi. Conservare i muffin in un contenitore chiuso per 3-4 giorni oppure congelare.

Kcal 238 | C 29,5 g | P 5 g | G 10,6 g

10 porz.

10 min

15 min

160°

PAN DI SPAGNA

INGREDIENTI

- 120 g farina 00
- 3 uova
- 110 g zucchero
- 6 g lievito per dolci
- Un pizzico di sale

PROCEDIMENTO

Montare le uova con un pizzico di sale. Aggiungere lo zucchero e continuare a montare. Aggiungere la farina e il lievito setacciati, poco alla volta, continuando a frullare. Imburrare e infarinare una tortiera e versarci l'impasto. Preriscaldare la friggitrice ad aria per 5 minuti a 160°. Cuocere per 20-25 minuti, facendo la prova dello stecchino, prima di sfornare. Farcire a piacere. Conservare in un porta torte per 4-5 giorni.

Kcal 181 | C 33,8 g | P 5,7 g | G 3 g

6 porz.

10 min

25 min

160°

MELA AL CARTOCCIO

INGREDIENTI

- 2 mele (circa 350 g)
- 120 g pasta sfoglia rettangolare
- 10 g zucchero di canna
- 20 g di latte
- Cannella a piacere

PROCEDIMENTO

Tagliare a strisce la pasta sfoglia. Lavare ed asciugare le mele. Arrotolare ogni mela con le strisce di pasta sfoglia. Spennellare la superficie della pasta sfoglia col latte e spolverare con cannella e zucchero di canne. Mettere le mele al cartoccio nella friggitrice ad aria e cuocere a 180° per 20 minuti. Far intiepidire e servire.

Kcal 337 | C 47,6 g | P 4,1 g | G 15,4 g

2 porz.

5 min

20 min

180°

PANZEROTTINI RIPIENI DI CREMA ALLA NOCCIOLA

INGREDIENTI

200 g farina 00
100 g farina integrale
100 g zucchero
1 uovo grande
1 tuorlo
80 g olio extravergine d'oliva
1 cucchiaino di lievito per dolci
Aroma di vaniglia in polvere
Un pizzico di sale
120 g crema alle nocciole

PROCEDIMENTO

In una ciotola unire l'uovo, il tuorlo, lo zucchero, l'olio, il pizzico di sale e mescolare con una forchetta. Aggiungere a mano a mano le farine e il resto degli ingredienti, impastando, fino a formare un impasto omogeneo. Stendere l'impasto con l'aiuto di un mattarello. Con un coppa pasta oppure con un bicchiere, dare la forma di 14 piccoli cerchi. Mettere al centro circa 8 g di crema di nocciola e richiudere su se stesso. Schiacciare con una forchetta il lato curvo dei panzerottini e distribuirli su un foglio di carta da forno; cuocere in friggitrice ad aria a 180° per 7 minuti. Servire una volta raffreddati. Conservare in un contenitore di plastica per massimo 5 giorni.

Kcal 209 | C 26,3 g | P 3,8 g | G 9,1 g

14 porz.
15 min
7 min
180°

BROWNIES AL PISTACCHIO

INGREDIENTI

130 g farina 00
100 g olio di semi di girasole
110 g acqua
180 g zucchero
30 g cacao amaro
4 g lievito per dolci
50 g pistacchi
50 g gocce di cioccolato fondente
Un pizzico di sale

PROCEDIMENTO

Setacciare la farina, il cacao e il lievito in una ciotola. Aggiungere lo zucchero e il pizzico di sale e mescolare il tutto. Aggiungere l'acqua, l'olio e frullare con le fruste elettriche fino ad ottenere un composto liscio ed omogeneo. Aggiungere le gocce di cioccolato fondente e i pistacchi tritati grossolanamente e mescolare delicatamente. Versare il composto in una teglia precedentemente ricoperta con carta da forno. Preriscaldare la friggitrice ad aria a 180° per 3 minuti e cuocere il brownies al pistacchio per 15 minuti a 180°. Far raffreddare completamente prima di tagliare a tocchetti e servire. Conservare in una scatola di latta o di plastica dura per 4-5 giorni.

Kcal 266 | C 31,8 g | P 3,1 g | G 14,2 g

10 porz.
10 min
15 min
180°

MUFFIN VELOCI CON CUORE DI MARMELLATA DI FRAGOLE

INGREDIENTI

300 g farina 00
80 g zucchero
75 g olio di semi di girasole
150 g latte intero
1 uovo grande
1 pizzico di sale
Lievito per dolci (1 bustina)
200 g marmellata di fragole
80 g granella di zucchero

PROCEDIMENTO

Mettere in una ciotola l'uovo con il pizzico di sale e frullare con le fruste elettriche. Aggiungere lo zucchero continuando a frullare. Aggiungere il latte e l'olio a filo continuando a frullare a bassa velocità. Unire anche la farina e il lievito setacciati, continuando a frullare fino ad ottenere un composto omogeneo. Riempire fino a metà dei pirottini in silicone, mettere al centro 20-25 g circa di marmellata e richiudere con un po' di impasto. Distribuire un po' di granella di zucchero sulla superficie e cuocere in friggitrice ad aria precedentemente preriscaldata, a 160° per 15 minuti e successivamente a 140° per 10 minuti. Far raffreddare prima di servire. Conservare in un contenitore di plastica per massimo 4-5 giorni oppure congelare.

Kcal 357 | C 55,1 g | P 6 g | G 12,5 g

8 porz.

10 min

25 min

140° - 160°

BUDINO ALLA VANIGLIA E LAMPONI

INGREDIENTI

200 g formaggio spalmabile
100 g yogurt greco 5%
60 g zucchero
2 uova medie
100 g lamponi
Aroma di vaniglia

PROCEDIMENTO

Unire in una ciotola il formaggio spalmabile, lo yogurt greco, l'uovo, lo zucchero, l'aroma di vaniglia e mescolare fino ad ottenere un composto omogeneo. Versare in 4 stampi per muffin ed aggiungere in ognuno i lamponi spezzettati. Cuocere in friggitrice ad aria a 160° per 8 minuti e successivamente a 180° per 2 minuti. Far intiepidire e raffreddare in frigo per un paio d'ore prima di servire. Conservare in frigo per massimo 2 giorni coperto con pellicola.

Kcal 271 | C 18,6 g | P 7,5 g | G 17,8 g

4 porz.

5 min

10 min

160°- 180°

SBRICIOLATA ALLA CREMA DI NOCCIOLE E CACAO

INGREDIENTI

300 g farina 00
150 g burro
150 g zucchero
1 uovo medio
1 tuorlo d'uovo
Aroma di vaniglia
Un pizzico di sale
8 g lievito per dolci
300 g crema di nocciole e cacao
Zucchero a velo q.b.

PROCEDIMENTO

Unire tutti gli ingredienti, ad eccezione della crema di nocciole e cacao. Impastare rapidamente fino ad ottenere un impasto omogeneo. Sbriciolare con le mani e far riposare in frigo per 10 minuti. Mettere metà composto nel fondo e ai bordi di una tortiera rivestita con carta da forno e compattare con le mani. Aggiungere la crema di nocciole e cacao e ricoprire con il resto dell'impasto sbriciolato. Preriscaldare la friggitrice ad aria a 160° per un paio di minuti. Cuocere in friggitrice ad aria a 160° per 25 minuti. Far raffreddare, spolverare con zucchero a velo e servire a fette.

Kcal 376 | C 45,8 g | P 4,9 g | G 19,3 g

12 porz.
10 min + 10 min riposo
25 min
160°

PERE CARAMELLATE CON FONDENTE E NOCCIOLE

INGREDIENTI

2 pere (circa 250 g)
20 g cioccolato fondente 80%
20 g nocciole
20 g zucchero di canna
Qualche goccia di Brandy (facoltativo)
Cannella a piacere

PROCEDIMENTO

Tagliare a metà le pere e rimuovere il torsolo. Mettere le pere su un foglio di carta da forno e cospargerle di zucchero di canna, di cioccolato fondente in scaglie, di nocciole tritate grossolanamente e qualche goccia di Brandy. Mettere le pere nella friggitrice ad aria e cuocere a 180° per 18 minuti. Far intiepidire e servire.

Kcal 195 | C 21,5 g | P 2,7 g | G 10,8 g

2 porz.
5 min
18 min
180°

CASTAGNE ARROSTO

INGREDIENTI

400 g castagne

PROCEDIMENTO

Lavare le castagne e metterle in ammollo in acqua fredda per mezz'ora. Asciugarle per bene, inciderle a croce con un coltello. Scaldare la friggitrice ad aria a 180° per 3 minuti. Distribuire le castagne sul cestello della friggitrice ad aria, senza sovrapporle. Cuocere a 180° per 20 minuti. Rimuovere dal cestello e far riposare le castagne chiuse in un canovaccio leggermente umido per 10 minuti circa. Servire.

Kcal 193 | C 41,8 g | P 3,7 g | G 2,4 g

4 porz.

10 min + 40 min riposo

20 min

180°

FRITTELLE DI MELE

INGREDIENTI

100 g farina 00
2 mele (320 g al netto degli scarti)
1 uovo grande
50 g latte intero
20 g zucchero
4 g lievito per dolci
Succo di ½ limone
Scorza grattugiata di un limone
Cannella in polvere
Zucchero a velo q.b.

PROCEDIMENTO

Sbucciare le mele e rimuoverne il torsolo. Tagliare le mele a fettine spesse circa mezzo centimetro ed unirle al succo di limone e alla cannella. In una ciotola sbattere l'uovo con il latte e lo zucchero. Setacciare la farina e il lievito ed aggiungere al resto del composto. Mescolare con una frusta a mano o con una forchetta fino ad ottenere una pastella cremosa e priva di grumi. Aggiungere la scorza grattugiata del limone e mescolare ancora. Preriscaldare la friggitrice ad aria a 180°. Passare le fettine di mela nella pastella e distribuirle su un foglio di carta da forno, senza sovrapporle l'una con l'altra. Cuocere in friggitrice ad aria a 180° per 15 minuti, cambiando lato a metà cottura. Far intiepidire e servire con una spolvera di zucchero a velo.

Kcal 238 | C 40,1 g | P 5 g | G 7 g

4 porz.

10 min

15 min

160°- 180°

PANE, PIZZA E ALTRI LIEVITATI

PANE DI GRANO DURO

INGREDIENTI

500 g semola di grano duro
340 ml d'acqua
5 g lievito di birra fresco
10 g sale fino

PROCEDIMENTO

Mettere in una ciotola la farina, 300 ml d'acqua, il lievito di birra e impastare per 10 minuti. Aggiungere il sale e l'acqua rimanente ed impastare. Se l'impasto risulta troppo morbido, lasciarlo riposare per 10 minuti e rimpastarlo per 5 minuti o comunque fino ad ottenere un impasto liscio ed omogeneo. Formare un panetto e lasciarlo lievitare per due ore in una ciotola coperta con pellicola. Formare delle pagnotte da 600 g l'una e lasciarle lievitare per un'altra ora e mezza in ambiente tiepido coperti con pellicola. Preriscaldare la friggitrice ad aria a 200° per 5 minuti. Rovesciare l'impasto su un foglio di carta da forno, incidere la superficie e cuocere per 15 minuti. Cambiare lato e cuocere per altri 5 minuti. Lasciar raffreddare su una grata prima di servire a fette. Conservare in un sacchetto di plastica per alimenti per massimo 3 giorni oppure congelare.

Kcal 181 | C 31,4 g | P 4,2 g | G 4,2 g |

12 porz.

30 min + 2h e 1/2 lievitazione

25 min

200°

FOCACCIA RIPIENA AL FORMAGGIO VELOCE

INGREDIENTI

300 g farina 1
1 uovo medio
300 g latte intero
30 g olio extravergine d'oliva
5 g zucchero
5 g sale
20 g semi di sesamo
100 g provola
100 g scamorza affumicata
10 g lievito istantaneo per salati

PROCEDIMENTO

Mettere in una ciotola l'olio d'oliva, l'uovo, il latte, lo zucchero e il sale e mescolare con una frusta a mano. Aggiungere la farina, il lievito ed amalgamare gli ingredienti fino ad ottenere un impasto omogeneo. Versare metà dell'impasto in una tortiera ricoperta con carta da forno. Livellare con una spatola e cuocere in friggitrice ad aria a 160° per 20 minuti. Nel frattempo, tagliare a fette la provola e la scamorza. Distribuire la provola e la scamorza a fette sulla superficie della focaccia e versarci sopra l'impasto rimanente. Distribuire i semi di sesamo e cuocere per altri 20 minuti a 160°. Lasciar intiepidire prima di servire. Conservare in frigo per massimo 3-4 giorni coperta con pellicola oppure in un contenitore.

Kcal 243 | C 23,4 g | P 7,9 g | G 11,3 g |

10 porz.

15 min

40 min

160°

PIZZA MARGHERITA

2 porz.

30 min + 3 h lievitazione

13 min

200°

INGREDIENTI

250 farina 00
175 ml d'acqua
30 g olio extravergine d'oliva
5 g lievito di birra fresco
5 g miele
5 g sale fino
200 g salsa di pomodoro
150 g mozzarella grattugiata
Un pizzico di origano
Sale e pepe q.b.

PROCEDIMENTO

Unire in una ciotola il lievito, il miele, l'acqua e 10 g d'olio e mescolare. Aggiungere la farina a mano a mano ed iniziare ad impastare. Unire anche il sale ed impastare energicamente per 10 minuti. Coprire con pellicola e riposare per 15 minuti. Riprendere l'impasto con le mani, fare 3 giri di pieghe. Far riposare altri 15 minuti. Riprendere l'impasto e rifare le pieghe. Lasciarlo lievitare per un paio d'ore. Dividere l'impasto in palline e lasciar lievitare le palline per 2 ore. Preriscaldare la friggitrice ad aria a 200° per 5 minuti. Aprire le palline con le mani, lasciando il bordo più grosso e dare forma alla pizza. Spruzzare l'olio la superfice e precuocere la base della pizza a 200° per 8 minuti, cambiando lato a metà cottura. Unire in una ciotolina la salsa di pomodoro, un pizzico di origano, sale e pepe e un filo d'olio e mescolare. Distribuire la salsa sulle pizze precotte e la mozzarella grattugiata e cuocere per altri 5 minuti sempre a 200°. Servire calde.

Kcal 839 | C 98,8 g | P 31,1 g | G 35,2 g

PANE IN CASSETTA

12 porz.

30 min + 2 h e 1/2 lievitazione

25 min

180° - 200°

INGREDIENTI

500 g farina 0
320 ml d'acqua
40 g olio extravergine d'oliva
7 g lievito di birra fresco
15 g miele
10 g sale fino

PROCEDIMENTO

Mettere in una ciotola la farina, 300 ml d'acqua, il miele e il lievito di birra. Impastare per circa 10 minuti. Aggiungere il sale e l'acqua rimanente ed impastare fino ad ottenere un impasto omogeneo. Aggiungere l'olio e impastare un'ultima volta. Formare una palla e mettere l'impasto in una ciotola oliata. Far lievitare per 40 minuti coperto con pellicola in un ambiente caldo. Mettere l'impasto su un piano di lavoro infarinato, dare la forma allungata e metterlo in uno stampo per plumcake, riempito fino a 2/3 dello stampo. Coprire con un panno e lasciar lievitare fino a raggiungere la cima dello stampo. Preriscaldare la friggitrice ad aria a 200° per 5 minuti. Cuocere il pane in cassetta a 200° per 15 minuti. Cambiare lato e cuocere per altri 10 minuti a 180°. Far raffreddare su una grata, prima di servire a fette. Conservare in un sacchetto di plastica per alimenti per massimo 3 giorni oppure congelare.

Kcal 181 | C 31,4 g | P 4,2 g | G 4,2 g

FOCACCIA FARCITA VELOCE

INGREDIENTI

- 250 g farina 00
- 3 uova medie
- 200 g zucchina
- 150 g scamorza affumicata
- 40 g parmigiano grattugiato
- 100 g pancetta affumicata a cubetti
- 100 g cipolla rossa
- 200 g pomodorini datterino
- 220 g latte intero
- 50 g olio extravergine d'oliva
- 9 g lievito istantaneo per salati
- 1 cucchiaino di sale
- Sale grosso q. b.
- Un pizzico di origano e di pepe

10 porz.

15 min

30 min

160° - 180°

PROCEDIMENTO

Tagliare a cubetti la scamorza e a fettine sottili la cipolla. Lavare e mondare la zucchina. Grattugiarla e metterla da parte. In una ciotola unire le uova, un pizzico di sale e di pepe; frullare il tutto con le fruste elettriche per qualche minuto. Aggiungere l'olio a filo e continuare a frullare. Aggiungere anche il parmigiano grattugiato e la farina un po' per volta e continuare a frullare. Versare il latte a filo, aggiungere le zucchine, il sale rimanente e mescolare ancora fino ad ottenere un impasto omogeneo. Tagliare a spicchi i pomodorini ed aggiungerli all'impasto, assieme alla scamorza, alla pancetta e alla cipolla. Mescolare il tutto ed aggiungere il lievito. Mescolare un'ultima volta. Versare l'impasto in uno stampo dal diametro di 20 centimetri, precedentemente oliato. Oliare la superficie e distribuirvi il sale grosso e l'origano. Cuocere in friggitrice ad aria preriscaldata a 160° per 25 minuti e altri 5 minuti a 180° o fino a doratura della superficie. Servire una volta tiepida. Conservare in un frigo per massimo 3-4 giorni oppure congelare.

Kcal 303 | C 23,8 g | P 13,3 g | G 16,5 g |

PUCCIA DI PATATE

INGREDIENTI

- 200 g semola di grano duro rimacinata
- 300 g farina manitoba
- 320 g acqua
- 200 g patate
- 6 g zucchero
- 8 g lievito di birra fresco
- 15 g sale fino

10 porz.

30 min + 4h lievitazione

20 min

180° - 200°

PROCEDIMENTO

Unire in una ciotola il lievito di birra con lo zucchero e 100 g di acqua. Far sciogliere il lievito ed aggiungere 100 g di farina manitoba. Impastare, coprire con pellicola e lasciar riposare fino al raddoppio del volume. Sbucciare e lessare le patate in acqua bollente e salata. Pelarle e schiacciarle con una forchetta. Farle raffreddare. Sciogliere il composto col lievito nell'acqua rimasta ed aggiungere a mano a mano le due farine, iniziando ad impastare. Aggiungere anche le patate e il sale e impastare fino ad ottenere un impasto liscio, omogeneo ed elastico. Mettere l'impasto in una ciotola, coprire con pellicola e far lievitare fino a triplicare di volume. Mettere l'impasto su un piano di lavoro infarinato con la semola e fare 3 giri di pieghe. Dividere in due l'impasto e dare la forma desiderata. Mettere su un foglio di carta da forno, coprire con un panno e lasciar lievitare fino a raddoppiare di volume. Incidere la superficie del pane. Preriscaldare la friggitrice ad aria a 220° per 5 minuti e cuocere per 10 minuti a 200° e per altri 15 minuti a 180°. Far raffreddare su una grata e servire a fette. Conservare in un sacchetto di plastica per alimenti per massimo 3 giorni oppure congelare.

Kcal 192 | C 40,1 g | P 5,8 g | G 0,8 g |

FOCACCINE ALLA RICOTTA E ROSMARINO

INGREDIENTI

250 g farina 0
120 g ricotta vaccina
120 ml acqua
20 g olio extravergine d'oliva
8 g lievito di birra fresco
5 g sale fino
Rosmarino secco
Sale grosso

PROCEDIMENTO

Sciogliere il lievito nell'acqua. Mettere in una ciotola la farina e la ricotta. Aggiungere il lievito sciolto e l'acqua e impastare. Aggiungere 15 g d'olio a filo e il sale fino ed impastare energicamente per 10 minuti, fino ad ottenere un impasto liscio ed omogeneo. Mettere l'impasto in una ciotola e lasciar lievitare coperto con pellicola fino al raddoppio del volume iniziale. Mettere l'impasto su un piano di lavoro infarinato e stenderlo col mattarello. Creare una sfoglia rettangolare spessa circa mezzo centimetro. Ricavare dei dischi di 8 cm di diametro circa, con l'aiuto di un bicchiere o di un coppapasta. Spennellare con l'olio distribuire il rosmarino e il sale grosso e lasciar lievitare per un'ora circa. Preriscaldare la friggitrice ad aria a 200° per 3 minuti. Cuocere le focaccine per 12 minuti, cambiando lato a metà cottura. Lasciar raffreddare e servire. Conservare in un sacchetto di plastica per alimenti per massimo 3 giorni oppure congelare.

10 porz.

15 min + 3 h lievitazione

12 min

200°

Kcal 118 | C 17,3 g | P 4,3 g | G 3,4 g |

PIZZA DI SCAROLA

INGREDIENTI

250 gr di farina 00
150 ml d'acqua
40 g strutto
2 g lievito di birra fresco
3 g sale fino
1000 g di scarola
50 g olive di Gaeta
15 g capperi
3 filetti di acciughe
25 g olio extravergine d'oliva
1 spicchio d'aglio
20 g uvetta
20 g pinoli
1 spicchio d'aglio
1 peperoncino
Sale e pepe q.b.

PROCEDIMENTO

Sciogliere il lievito nell'acqua. Disporre la farina a fontana su un piano di lavoro. Aggiungere il composto di lievito al centro, un pizzico di pepe ed iniziare ad impastare. Unire 30 g di strutto, il sale ed impastare per 10-15 minuti fino ad ottenere un impasto liscio, elastico ed omogeneo. Mettere l'impasto in una ciotola unta, coprire con pellicola e far lievitare per circa 3-4 ore, fino a raddoppiare di volume. Nel frattempo, eliminare le foglie esterne più dure e il gambo. Strappare le foglie più lunghe a metà e sciacquare sotto l'acqua corrente. Mettere le foglie in una pentola con un po' d'acqua e far appassire per qualche minuto. Metterle in un recipiente e nella stessa pentola rosolare con 20 g d'olio, uno spicchio d'aglio, i filetti di acciughe, l'uvetta, capperi, pinoli, peperoncino, le olive, sale e pepe, per un paio di minuti. Aggiungere la scarola strizzata e cuocere per 10 minuti con coperchio ed altri 2 minuti senza. Rimuovere l'aglio e il peperoncino e far raffreddare. Dividere in due l'impasto e formare due panetti. Stendere ogni panetto fino a formare una sfoglia. Ungere una teglia con lo strutto e adagiarci un disco di pasta. Distribuire le scarole e ricoprire con l'altro disco. Sigillare i bordi con l'aiuto di una forchetta. Preriscaldare la friggitrice ad aria a 160° per 5 minuti. Spennellare con l'olio la superficie. Cuocere la pizza di scarola a 160° per 6 minuti. Successivamente alzare a 200° e cuocere per altri 6 minuti, cambiando lato a metà cottura. Lasciar raffreddare e servire a fette. Conservare in frigo coperta con pellicola per massimo 2 giorni, oppure congelare.

8 porz.

30 min + 4 h lievitazione

20 min

160° - 200°

Kcal 246 | C 27,6 g | P 6,4 g | G 12,2 g |

PIZZA RIPIENA DI TONNO E CIPOLLA

12 porz.

30 min + 3 h lievitazione

15 min

200°

INGREDIENTI

- 250 g semola rimacinata
- 250 g farina 0
- 250 ml di acqua
- 12 g lievito di birra fresco
- 30 g olio extravergine d'oliva
- 10 g sale fino
- 850 g cipolle bianche
- 160 g tonno sott'olio
- 130 g olive nere denocciolate
- 30 g concentrato di pomodoro
- 10 g capperi sotto sale
- 3 filetti di acciughe sott'olio
- 10 g d'olio extravergine d'oliva
- Un pizzico di origano
- Un pizzico di peperoncino
- Sale e pepe q.b.

PROCEDIMENTO

Unire le due farine in una ciotola. Sciogliere il lievito nell'acqua ed unirlo alle farine. Iniziare ad impastare ed aggiungere 20 g d'olio. Aggiungere il sale ed impastare energicamente per 10 minuti, fino ad ottenere un impasto liscio ed omogeneo. Formare una palla omogenea, mettere in una ciotola unta con l'olio e lasciar lievitare per 2 ore, fino a raddoppiare di volume. Tagliare a fette sottili le cipolle e a metà le olive. Rosolare in una padella la cipolla con l'olio per 5 minuti. Aggiungere le olive, le acciughe, i capperi, l'origano, pepe, il peperoncino, il concentrato di pomodoro e rosolare per altri 5 minuti. Aggiunger l'acqua fino a coprire il tutto e cuocere a fiamma moderata con coperchio per 20 minuti. Aggiungere il tonno sgocciolato, rimuovere il coperchio e far cuocere fino a restringere completamente il sugo. Mettere l'impasto su un piano di lavoro infarinato, dividere in 4 parti, stendere col mattarello ogni parte. Mettere due parti di impasto su un foglio di carta da forno unto con l'olio, distribuire il composto di tonno e cipolla, tenendo liberi i bordi. Coprire con le altre due parti di impasto e sigillare i bordi. Lasciar lievitare per un'ora. Preriscaldare la friggitrice ad aria a 200° per 5 minuti. Bucherellare la superficie e spennellare con l'olio. Cuocere la pizza ripiena in friggitrice ad aria a 200° per 15 minuti. Servire calda. Conservare in frigo coperta con pellicola per massimo 2 giorni, oppure congelare

Kcal 240 | C 29,8 g | P 7,2 g | G 10 g |

PANE ALLE NOCI

12 porz.

10 min + 2/3 h lievitazione

25 min

200°

INGREDIENTI

- 300 g farina 00
- 300 g farina integrale di grano tenero
- 370 ml acqua
- 7 g lievito di birra fresco
- 30 g olio extravergine d'oliva
- 50 g noci
- 10 g sale

PROCEDIMENTO

Mettere la farina setacciata in una ciotola. Sciogliere il lievito in 50 ml acqua tiepida e far riposare per 10 minuti. Aggiungere il composto con il lievito alle farine ed aggiungere a mano a mano l'acqua rimanente. Impastare con l'aiuto di una planetaria a velocità media o a mano, fino a far assorbire tutta l'acqua. Aggiungere l'olio a filo, impastando a mano a mano. Aggiungere infine il sale e le noci tritate ed impastare per altri 10 minuti. Far lievitare l'impasto coperto con pellicola e in un ambiente caldo per un paio d'ore. Sgonfiare l'impasto, dare la forma desiderata e incidere la superficie. Spennellare la superficie con acqua e olio e spolverare con un po' di farina integrale. Metterlo su un foglio di carta da forno e lasciar lievitare in friggitrice spenta per 60 minuti. Cuocere a 200° per 25 minuti, cambiando lato a metà cottura. Far raffreddare su una gratella prima di servire a fette. Conservare in un sacchetto di plastica per alimenti per massimo 3 giorni oppure congelare.

Kcal 220 | C 32,3 g | P 6,1 g | G 6,5 g |

FOCACCIA BARESE

INGREDIENTI

250 g semola rimacinata di grano duro
250 g farina 00
200 ml acqua
200 g patate
70 g olio extravergine d'oliva
18 g sale fino
7 g lievito fresco di birra
5 g zucchero
250 g pomodori ciliegino
10 g olive nere
Un pizzico di origano secco
Sale grosso

12 porz.

30 min + 4 h lievitazione

20 min

220°

PROCEDIMENTO

Lavare e sbucciare le patate. Tagliarle a cubetti e lessarle in abbondante acqua salata. Nel frattempo, mettere in una ciotola lo zucchero, 2 cucchiai di farina e un po' d'acqua tiepida. Lasciar riposare coperto per 20 minuti. Scolare le patate, tenendo da parte l'acqua di cottura. Schiacciarle con una forchetta fino a renderle una purea e far raffreddare. Mettere le farine setacciate su un piano di lavoro, disposte a fontana. Aggiungere le patate, il composto col lievito e 200 g di acqua di cottura delle patate. Impastare fino ad ottenere un composto omogeneo. Aggiungere anche 40 g d'olio e il sale. Continuare ad impastare per 15-20 minuti fino ad ottenere un impasto morbido. Ungere una teglia e distribuire l'impasto schiacciando delicatamente con i polpastrelli. Coprire con pellicola e lasciar lievitare fino al raddoppio. Tagliare a metà i pomodorini e metterli in una ciotola con origano, sale e 10 g d'olio. Adagiare i pomodorini, le olive e il sale grosso sulla focaccia. Coprire con pellicola unta d'olio la focaccia e lasciar lievitare per un paio d'ore circa, coperta con un panno. Preriscaldare la friggitrice ad aria a 220° per 3 minuti. Versare un po' d'olio a filo sulla focaccia e cuocere in friggitrice ad aria a 220° per 12 minuti. Metterla su una grata e far raffreddare leggermente. Servire calda.

Kcal 219 | C 34 g | P 5,2 g | G 6,7 g |

FILONE DI PANE CON POMODORI SECCHI, OLIVE TAGGHIASCHE E CIPOLLA

INGREDIENTI

230 g farina di tipo 1
150 ml acqua
50 g pomodori secchi
50 g olive taggiasche
1 cucchiaio di cipolla essiccata
7 g lievito di birra fresco
5 g di sale fino

6 porz.

20 min + 6 h lievitazione

20 min

200°

PROCEDIMENTO

In una ciotola unire il lievito all'acqua e mescolare fino a scioglierlo. Aggiungere la farina setacciata a mano a mano, iniziando ad impastare. Aggiungere il sale e impastare su un piano di lavoro infarinato o con la planetaria per almeno 10 minuti. Rimettere l'impasto in una ciotola, coprire con pellicola e lasciar lievitare per 4 ore. Ricoprire una teglia con carta da forno. Sgonfiare l'impasto e con le dita, stenderlo sul foglio di carta da forno, unto con un po' d'olio. Dare una forma rettangolare. Mettere al centro dell'impasto, i pomodori secchi spezzettati, le olive taggiasche e la cipolla essiccata. Arrotolare l'impasto e sigillare i bordi, chiudendo le estremità. Coprire con un panno il filone e far lievitare per 2 ore. Preriscaldare la friggitrice ad aria a 200° per 5 minuti. Incidere la superficie del filone, spennellare con acqua e olio. Cuocere il filone in friggitrice ad aria a 200° per 20 minuti, cambiando lato a metà cottura. Far raffreddare su una gratella prima di servire a fette. Conservare in un sacchetto di plastica per alimenti oppure congelare.

Kcal 186 | C 31,8 g | P 2,7 g | G 3,9 g |

PAGNOTTA SENZA GLUTINE

INGREDIENTI

- 100 g farina di grano saraceno
- 400 g farina di riso
- 40 g amido di mais
- 200 ml acqua tiepida
- 30 g olio extravergine d'oliva
- 70 g latte intero
- 7 g lievito di birra secco
- 20 g sale

PROCEDIMENTO

Mettere la farina setacciata in una ciotola. Sciogliere il lievito in poca acqua tiepida e far riposare per 10 minuti. Aggiungere il composto con il lievito alla farina e mescolare con un mestolo di legno. Impastare con l'aiuto di una planetaria a velocità media o a mano, fino a far assorbire tutta l'acqua. Aggiungere il latte, continuando ad impastare e successivamente l'olio, impastando a mano a mano. Aggiungere infine il sale e impastare per altri 5 minuti. Far lievitare l'impasto coperto con pellicola e in un ambiente caldo per un paio d'ore. Dare la forma desiderata al pane, incidere la superficie, spennellare con l'olio e spolverare con la farina di riso. Metterlo su un foglio di carta da forno e lasciar lievitare in friggitrice spenta per 30-60 minuti. Preriscaldare la friggitrice ad aria per 5 minuti e cuocere a 180° per 30 minuti, girando dall'altro lato a metà cottura. Far raffreddare su una gratella prima di servire a fette.

10 porz.

20 min + 2/3 h lievitazione

30 min

180°

Kcal 220 | C 42,2 g | P 4,1 g | G 3,5 g |

PANINI INTEGRALI AI SEMI MISTI VELOCI

INGREDIENTI

- 125 g farina 1
- 125 g farina integrale di grano tenero
- 150 g latte intero
- 40 g olio extravergine d'oliva
- 5 g zucchero
- 5 g sale
- 50 g semi misti
- ½ bustina di lievito istantaneo per salati

PROCEDIMENTO

Unire gli ingredienti secchi in una ciotola e mescolare. Aggiungere il latte e l'olio a filo, mescolare prima con una forchetta e successivamente, impastare con le mani fino ad ottenere un impasto omogeneo e liscio. Dividere l'impasto in 6 palline e schiacciarle un po'; spennellare con l'olio d'oliva e distribuire i semi misti sulla superficie. Distribuire i panini su un foglio di carta da forno e cuocere in friggitrice ad aria per 30 minuti, cambiando lato dopo 20 minuti a 160°. Lasciar raffreddare prima di servire.

6 porz.

10 min

20 min

160°

Kcal 268 | C 33 g | P 7,4 g | G 11,4 g |

PAGNOTTA SENZA GLUTINE

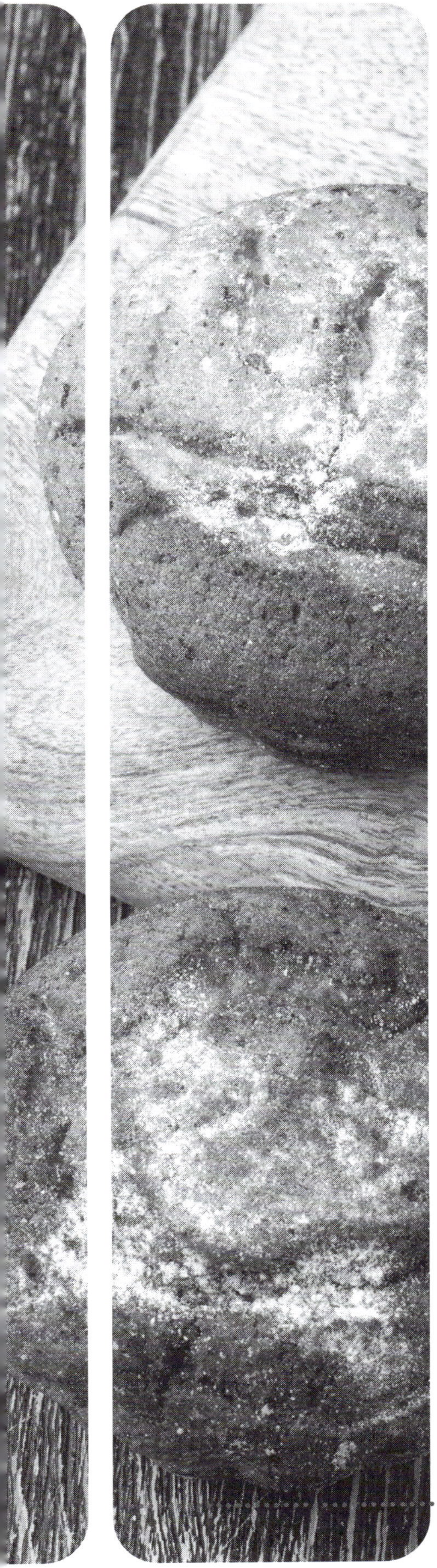

PANINI AL LATTE

INGREDIENTI

250 g farina 0
200 g latte intero
8 g zucchero
8 g olio extravergine d'oliva
4 g lievito di birra fresco
5 g sale fino

PROCEDIMENTO

Mettere in una ciotola la farina, il lievito, lo zucchero e 150 g di latte. Impastare per 5 minuti. Aggiungere il sale e 30 g di latte. Impastare fino ad ottenere un impasto liscio ed omogeneo. Aggiungere anche l'olio e impastare lentamente. Formare una palla e mettere l'impasto in una ciotola oliata. Lasciar raddoppiare fino a raddoppiare di volume (circa un'ora). Formare dei filoncini da 120 g l'uno. Spennellare i filoncini con il latte, coprire nuovamente con pellicola e lasciar lievitare nuovamente fino a raddoppiare di volume. Preriscaldare la friggitrice ad aria a 200° per 5 minuti. Mettere i filoncini su un foglio di carta da forno e cuocere in friggitrice ad aria a 200° per 8 minuti. Cambiare lato e completare la cottura per altri 2 minuti. Far raffreddare e servire. Conservare in un sacchetto di plastica per massimo 2-3 giorni oppure congelare.

6 porz.

15 min + 2 h lievitazione

10 min

200°

Kcal 176 | C 31,2 g | P 5,7 g | G 2,9 g |

PANINI ALL'OLIO

INGREDIENTI

500 g farina di grano tenero tipo 0
310 ml d'acqua
25 g zucchero
6 g lievito di birra fresco
40 g olio extravergine d'oliva
10 g sale fino

PROCEDIMENTO

Mettere in una ciotola la farina, lo zucchero e 300 ml d'acqua. Impastare ed aggiungere il sale e l'acqua rimanente. Impastare nuovamente fino ad ottenere un impasto liscio ed omogeneo. Aggiungere anche l'olio ed impastare lentamente. Formare una palla, metterla in una ciotola oliata, coprire con pellicola e lasciar lievitare per circa un'ora o fino a quando non avrà raddoppiato il suo volume. Ricavare palline da 100 g l'una; prendere la pallina con le dita delle mani, tirare i bordi della pasta verso il basso e spingerla con i pollici verso la base, premendo per saldarla e quindi richiudere. Spennellare ogni pallina con l'olio, coprire con pellicola e lasciar lievitare fino al raddoppio del volume. Preriscaldare la friggitrice ad aria a 200° per 5 minuti e cuocere i panini su carta da forno per 10 minuti; girarli dall'altro lato e cuocere per altri 2 minuti. Lasciar raffreddare su una grata e servire. Conservare in un sacchetto di plastica per massimo 2-3 giorni oppure congelare.

8 porz.

15 min + 3 h lievitazione

20 min

200°

Kcal 259 | C 44,4 g | P 6,9 g | G 5,6 g |

DANUBIO SALATO

10 porz.

20 min + 2 h e 1/2 lievitazione

18 min

160°

INGREDIENTI

300 g farina manitoba
140 g latte intero
25 g olio extravergine d'oliva
15 g zucchero
1 uovo medio
8 g lievito di birra fresco
5 g sale fino
1 tuorlo d'uovo
10 g semi di papavero

PROCEDIMENTO

Mettere in una ciotola la farina, il lievito sbriciolato, lo zucchero, l'uovo e il sale. Versare 130 g di latte e incominciare ad impastare, amalgamando gli ingredienti. Aggiungere anche l'olio a filo, trasferire l'impasto su un piano di lavoro infarinato e impastare con le mani fino ad ottenere un impasto liscio ed omogeneo. Rimettere nella ciotola, coprire con pellicola e con un panno e lasciar lievitare per circa 2 ore o fino a quando non avrà raddoppiato il volume. Formare un cordone con l'impasto, staccare i pezzi e formare in tutto 10 palline. Oliare una tortiera e posizionare le palline, una affianco all'altra. Coprire con pellicola e lasciar lievitare ancora per 30 minuti. Preriscaldare la friggitrice ad aria a 160° per 5 minuti. Unire il tuorlo e il latte e spennellare la superficie del danubio. Distribuire i semi di papavero. Cuocere in friggitrice ad aria a 160° per 18 minuti. Lasciar intiepidire e servire. Conservare per 2 giorni in un sacchettino di plastica chiuso oppure congelare.

Kcal 162 | C 23,4 g | P 6,3 g | G 4,8 g |

PANINI AL FORMAGGIO

10 porz.

15 min + 3 h e 1/2 lievitazione

15 min

180°

INGREDIENTI

250 g farina manitoba
250 g farina 00
270 g latte intero
100 g olio di semi di girasole
40 g pecorino romano
50 g parmigiano grattugiato
1 uovo medio
30 g burro
10 g lievito di birra fresco
1 tuorlo d'uovo
6 g zucchero
5 g sale fino
20 g semi di girasole

PROCEDIMENTO

Mettere in una ciotola il lievito e scioglierlo in 250 g di latte tiepido. Unire in una ciotola le farine, il pecorino, 40 g di parmigiano, lo zucchero, il sale e mescolare. Aggiungere il lievito sciolto, compreso di latte, l'olio, l'uovo e impastare a mano o col gancio dell'impastatrice. Aggiungere il burro ammorbidito ed impastare ancora, fino ad ottenere un impasto liscio ed omogeneo che tenderà a staccarsi dalle mani o dalle pareti della planetaria. Formare una palla, coprire con pellicola e lasciar lievitare per 3-4 ore o fino a quando non sarà raddoppiato di volume. Dividere l'impasto in pezzi da 75 g circa, l'uno e formare delle palline. Per ottenere della palline lisce, prendere l'impasto con le dita delle mani, tirare i bordi della pasta verso il basso e spingerla con i pollici verso la base, premendo per saldarla e quindi richiudere. Disporre i panini distanziati fra loro, su un foglio di carta da forno; coprire con un panno e lasciar lievitare per 30 minuti. Preriscaldare la friggitrice ad aria a 180° per 5 minuti. Unire il tuorlo al latte e spennellare i panini. Cospargere di semi di girasole e di parmigiano grattugiato e cuocere in friggitrice ad aria a 180° per 15 minuti. Conservare in un sacchetto di plastica per massimo 2-3 giorni oppure congelare.

Kcal 364 | C 38,1 g | P 11,5 g | G 18,4 g |

PIZZETTE CON PROSCIUTTO COTTO E FUNGHI

24 porz.

20 min + 3 h e 1/2 lievitazione

5 min

200°

INGREDIENTI

500 g farina manitoba
250 g acqua
70 g olio extravergine d'oliva
50 g latte intero
10 g lievito di birra fresco
15 g zucchero
12 g sale fino
300 g salsa di pomodoro
200 g mozzarella per pizza
100 g prosciutto cotto
100 g funghi sott'olio
Un pizzico di origano
Un pizzico di sale
Basilico fresco

PROCEDIMENTO

Mettere la farina e il lievito di birra sbriciolato in una ciotola. Aggiungere l'acqua e mescolare con un mestolo di legno. Aggiungere lo zucchero, il sale, 60 g d'olio ed impastare energicamente per una decina di minuti fino ad ottenere un impasto liscio ed omogeneo. Mettere l'impasto in una ciotola unta con l'olio e coprire con pellicola e lasciar lievitare per 3 ore circa o comunque fino al raddoppio del volume. Mettere in una ciotola la salsa di pomodoro, il basilico spezzettato, l'origano, un pizzico di sale e 10 g d'olio. Mescolare il tutto e mettere da parte. Trasferire l'impasto su un piano di lavoro infarinato e stenderlo con un mattarello, ricavando un rettangolo. Ricavare con un coppapasta dei dischi di 8 centimetri di diametro. Formare una conca al centro di ogni disco e metterci un po' di pomodoro, la mozzarella a dadini, il prosciutto cotto spezzettato e un po' di funghi. Spruzzare con l'olio d'oliva. Preriscaldare la friggitrice ad aria a 200° per 5 minuti. Cuocere le pizzette su un foglio di carta da forno, leggermente distanziate tra loro, a 200° per 5 minuti. Servire calde. Conservare in frigo per massimo 1 giorno, oppure congelare.

Kcal 135 | C 14,8 g | P 6 g | G 5,6 g

PECCATI DI GOLA

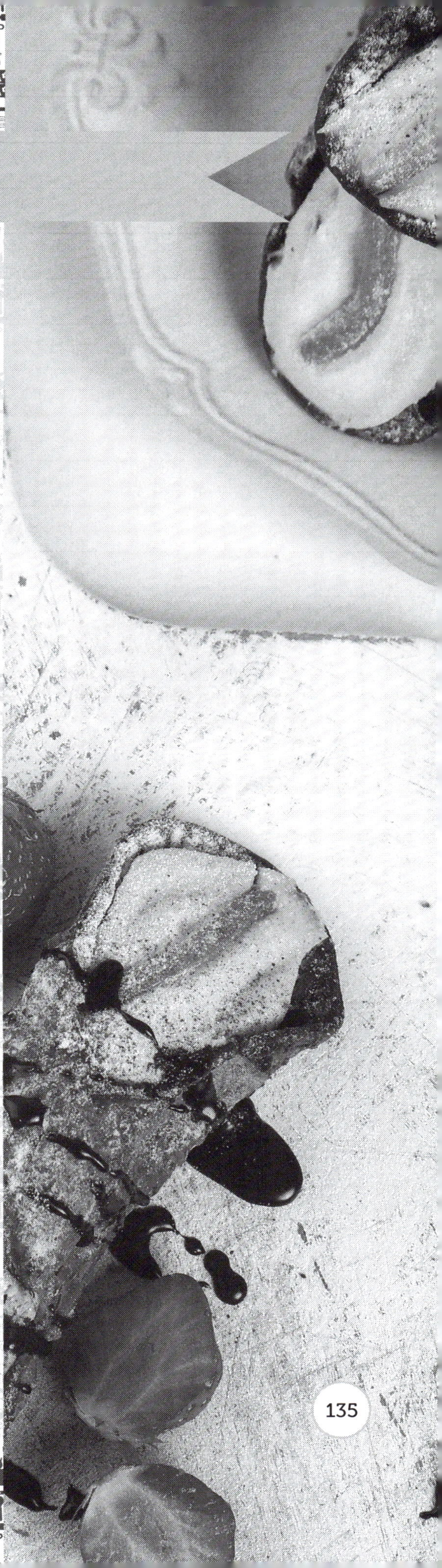

BOMBOLONI ALLA CREMA

INGREDIENTI

PER L'IMPASTO
150 g farina 00
150 g farina 0
35 g fecola di patate
130 g latte intero
40 g zucchero
40 g olio di semi di girasole
1 uovo grande
Un pizzico di sale
10 g lievito di birra fresco
Aroma di vaniglia
Buccia grattugiata di un'arancia

PER LA CREMA PASTICCERA
250 g latte intero
2 tuorli
80 g zucchero
25 g amido di mais
Un pizzico sale
Aroma di vaniglia
Buccia grattugiata di 1 limone
20 g zucchero a velo

PROCEDIMENTO

10 porz.

30 min + 1 h e 1/2 lievitazione

20 min

150°

Unire le due farine e la fecola di patate e mescolare. Sciogliere il lievito in 130 g di latte. Aggiungere 100 g del misto di farine e mescolare con una forchetta. Coprire con pellicola e lasciar riposare in friggitrice spenta per 20 minuti. Inserire il lievitino nella ciotola della planetaria ed aggiungere lo zucchero, 2 cucchiai di misto di farine e azionare la planetaria con la frusta a foglia, a bassa velocità, per qualche minuto. In alternativa, mettere la farina su un piano di lavoro disposta a fontana, aggiungere lo zucchero e il composto col lievito. Aggiungere a mano a mano il latte e quando l'impasto tenderà a staccarsi dalle mani o dalla ciotola della planetaria, aggiungere anche il pizzico di sale. Unire anche l'aroma di vaniglia, la scorza grattugiata dell'arancia e l'olio a filo, continuando ad impastare. Inserire il gancio nella planetaria ed impastare fino a quando l'impasto tenderà ad incordarsi sul gancio stesso e comunque per almeno 5 minuti; oppure impastare a mano per 10 minuti. Formare una palla, mettere l'impasto in una ciotola unta con l'olio, coprire con pellicola e lasciar lievitare per un'ora in friggitrice spenta. Nel frattempo, mettere il latte in un pentolino e sfiorare il bollore. In una ciotola unire i tuorli, lo zucchero, l'aroma di vaniglia, la buccia grattugiata del limone e il pizzico di sale e sbattere con una forchetta. Unire l'amido di mais setacciato ed aggiungere il latte caldo a più riprese. Trasferire il tutto nel pentolino del latte caldo e far addensare a fiamma media. Mettere la crema in una ciotolina e lasciar raffreddare. Stendere l'impasto con un mattarello. Con un coppapasta ricavare dei dischi di 8 centimetri di diametro. Adagiare su un foglio di carta da forno, coprire con un panno e lasciar lievitare per 45 minuti. Preriscaldare la friggitrice ad aria a 150° per 5 minuti. Spruzzare i bomboloni con l'olio di semi e cuocerli in friggitrice ad aria per 10 minuti, da ambo i lati. Farcire con la crema pasticcera precedentemente preparata e spolverare con zucchero a velo.

Kcal 256 | C 43,1 g | P 5,7 g | G 6,9 g

NUTELLOTTI

INGREDIENTI

150 g farina 00
180 g crema alle nocciole e cacao
1 uovo
130 g crema alle nocciole e cacao
30 g granella alle nocciole

PROCEDIMENTO

25 porz.

10 min + 30 min riposo

8 min

180°

Unire in una ciotola la farina, 180 g di crema alla nocciola e l'uovo. Impastare fino ad ottenere un impasto omogeneo e formare una palla. Coprire con pellicola e far riposare in frigo per 30 minuti. Formare 25 palline e schiacciare al centro con un polpastrello in modo da formare un buchetto. Cuocere in friggitrice ad aria a 180° per 8 minuti. Mettere 130 g di crema alle nocciole e cacao in un sac à poche. Far raffreddare i nutellotti per 10 minuti circa. Riempire i buchini dei nutellotti con la crema alle nocciole e cacao e cospargere di granella di nocciole. Far riposare in frigo prima di servire.

Kcal 99 | C 11,6g | P 1,9 g | G 5 g

TORTA ALL'ARANCIA CON GANACHE AL CIOCCOLATO

8 porz.

60 min

40 min

160°

INGREDIENTI

180 g farina 00
100 g zucchero di canna
80 g olio di semi di girasole
30 g amido di mais
80 g cioccolato fondente 70%
3 uova medie
2 arance (120 g succo + scorza grattugiata)
Lievito per dolci (1 bustina)
100 g marmellata di arance amare
2-3 scorze di arancia candita (facoltativo)

PER LA GANACHE

100 g latte intero
200 g cioccolato fondente 50%

PROCEDIMENTO

Grattugiare la buccia delle arance, prestando attenzione a non includere la parte bianca. Spremere il succo delle arance e filtrare dalla polpa. Montare a neve ben ferma gli albumi. In un'altra ciotola unire i tuorli con lo zucchero e montare con le fruste elettriche. Aggiungere la farina, l'amido di mais e il lievito setacciati, l'olio, il succo d'arancia e parte della scorza grattugiata e frullare ancora. Incorporare delicatamente gli albumi, mescolando dal basso verso l'alto. Tritare grossolanamente il cioccolato e passarlo in un piatto con la farina. Aggiungere al resto del composto e mescolare delicatamente. Imburrare e infarinare una tortiera e versare il composto. Preriscaldare la friggitrice ad aria a 160° per 3 minuti. Cuocere a 160° per 35-40 minuti. Fare la prova dello stecchino prima di sfornare. Tagliare a fettine sottili le scorze d'arancia candita. Una volta che si sarà leggermente intiepidita, ricoprire la superficie e i lati della torta con la marmellata. Livellare con una spatola e mettere in congelatore per circa 15-20 minuti. Nel frattempo, mettere in un pentolino il latte e sfiorare il bollore, a fuoco basso. Tritare grossolanamente il cioccolato. Togliere il latte dal fuoco ed aggiungere il cioccolato, al latte, mescolando rapidamente. Rimettere sul fuoco e continuare a mescolare fino ad ottenere un composto liscio ed omogeneo. Far intiepidire leggermente. Versare sulla torta e rapidamente livellare con una spatola. Decorare con le scorzette d'arancia e la scorza d'arancia grattugiata. Conservare in frigo prima di servire a fette.

Kcal 450 | C 55,1 g | P 5,1 g | G 22,4 g

BROWNIES AL CIOCCOLATO

14 porz.

10 min

15 min

180°

INGREDIENTI

220 g cioccolato fondente 70%
230 g zucchero
220 g burro
130 g farina 00
4 uova grandi
15 g cacao amaro
4 g lievito per dolci
Un pizzico di sale

PROCEDIMENTO

Sciogliere il cioccolato e il burro in microonde o a bagnomaria. In una ciotola unire la farina, il cacao amaro, il sale e mescolare. In un'altra ciotola unire le uova con lo zucchero e montare con le fruste elettriche. Versare il composto di cioccolato nelle uova montate, amalgamando delicatamente dal basso verso l'altro, con una spatola. Aggiungere anche il composto di farina, setacciando e mescolando sempre delicatamente dal basso verso l'altro. Versare l'impasto in uno stampo precedentemente foderato con carta da forno e cuocere in friggitrice ad aria precedentemente riscaldata per un paio di minuti, a 180° per 15 minuti o fino a quando non si sarà formata una crosticina sulla superficie. Lasciar raffreddare completamente prima di servire e dividere in porzioni. Conservare in una scatola di latta o di plastica dura per 4-5 giorni.

Kcal 329 | C 29,7 g | P 4,6 g | G 21,3 g

BISCOTTI AL CACAO RIPIENI DI CREMA AL CIOCCOLATO

INGREDIENTI

300 g farina 00
80 g cacao amaro
150 g burro
100 g zucchero
2 uova medie
4 g lievito per dolci
Un pizzico di sale
200 g crema al cacao e nocciole
30 g latte intero
Cacao amaro q.b.

PROCEDIMENTO

20 porz.
10 min + 30 min riposo
6 min
160°

Setacciare la farina, il cacao e il lievito in una ciotola. Aggiungere tutti gli altri ingredienti ad eccezione del latte e della crema al cacao e nocciole. Aggiungere il resto degli ingredienti e impastare con le mani fino ad ottenere un impasto compatto ed omogeneo. Avvolgere con la pellicola e far riposare in frigo per 30 minuti. Mettere l'impasto su un piano di lavoro infarinato e stendere col mattarello fino a formare una sfoglia dallo spessore di 4 millimetri. Con un bicchiere o con un coppa pasta ricavare dei dischi di circa 8 cm di diametro. Mettere al centro di metà dischi un cucchiaino di crema alle nocciole e cacao. Bagnare i bordi dei dischi non farciti e ricoprire quelli farciti, sigillando bene i bordi. Distribuire i biscotti su un foglio di carta da forno e far riposare in frigo 10 minuti. Preriscaldare la friggitrice ad aria a 160° per 3 minuti. Spennellare i biscotti con il latte. Cuocere a 160° per 6-7 minuti, senza sovrapporre i biscotti l'uno sull'altro. Servire tiepidi con una spolverata di cacao.

Kcal 207 | C 23,3 g | P 3,8 g | G 11,1 g

TORTINO FONDENTE DAL CUORE CALDO

INGREDIENTI

150 g cioccolato fondente 70%
2 uova
50 g zucchero
60 g olio di semi di girasole
30 g farina 00
50 g di latte intero
Cacao amaro q.b.

PROCEDIMENTO

6 porz.
10 min
8 min
180°

Sciogliere il cioccolato con il latte in un pentolino continuando a mescolare o in microonde. Mettere in una ciotola le uova con lo zucchero e frullare con le fruste elettriche. Aggiungere l'olio a filo, continuando a frullare e successivamente, la farina setacciata. Aggiungere per ultimo il cioccolato sciolto e mescolare, fino ad ottenere un composto omogeneo. Imburrare e infarinare 6 pirottini di alluminio e versare l'impasto. Cuocere in friggitrice ad aria a 180° per 8 minuti. Far intiepidire per qualche minuto e servire con una spolverata di cacao amaro.

Kcal 301 | C 20,6g | P 5,2 g | G 21,4 g

GIRELLE DI PASTA SFOGLIA ALLA CREMA DI NOCCIOLE

INGREDIENTI

1 rotolo di pasta sfoglia rettangolare
100 g crema alle nocciole e cacao
50 g granella alle nocciole
Zucchero a velo q.b.

PROCEDIMENTO

Srotolare la pasta sfoglia, distribuire un sottile strato di crema alle nocciole e distribuire la granella di nocciole, sopra. Arrotolare su se stesso il rotolo dal lato più lungo. Con un coltello a lama sottile ricavare 8 girelle dello spessore di circa un centimetro. Adagiare le girelle su foglio di carta da forno. Cuocere in friggitrice ad aria a 200° per 20 minuti, girandoli a metà cottura. Servire una volta intiepiditi con una spolverata di zucchero a velo.

8 porz.
10 min
20 min
200°

Kcal 209 | C 19,6 g | P 3,7 g | G 12,1 g

CHEESECAKE AI LAMPONI CON SCAGLIE DI CIOCCOLATO FONDENTE

INGREDIENTI

200 g biscotti secchi
100 g burro
300 g formaggio spalmabile
200 g yogurt intero
200 g ricotta
150 g zucchero
3 uova medie
40 g amido di mais
1 limone (scorza grattugiata e succo)
200 g lamponi
200 g marmellata di lamponi
40 g cioccolato fondente 70%

PROCEDIMENTO

10 porz.
20 min
30 min
150°

Tritare in un mixer i biscotti. Sciogliere il burro e metterlo in una ciotola con i biscotti frullati. Mescolare per bene fino ad ottenere un composto omogeneo e lavorabile. Rivestire una tortiera con carta da forno e distribuire la base della cheesecake sul fondo e sulle pareti, compattando con le mani. Mettere in frigo a riposare. Nel frattempo, unire in una ciotola il formaggio spalmabile, la ricotta, lo yogurt, 120 g di zucchero, metà della scorza grattugiata e il succo del limone e mescolare. Aggiungere l'amido di mais ed amalgamare agli altri ingredienti. Aggiungere anche uno uovo alla volta, amalgamandolo prima di aggiungere il successivo. Preriscaldare la friggitrice ad aria a 150° per 5 minuti. Versare la crema sulla base e livellare con una spatola. Cuocere in friggitrice ad aria a 150° per 30 minuti. In un pentolino mettere i lamponi con lo zucchero e il rimanente della scorsa grattugiata di limone cuocere per 6 minuti. Aggiungere la marmellata e mescolare. Tritare il cioccolato. Distribuire il composto di lamponi sulla cheesecake e far raffreddare in frigo per 3 ore. Servire a fette con scaglie di cioccolato fondente.

Kcal 450 | C 48 g | P 7,5 g | G 24,7 g

BISCOTTI AL COCCO RIPIENI DI CREMA AL CIOCCOLATO BIANCO

INGREDIENTI

100 g farina 00
200 g cocco rapè
80 g burro a temperatura ambiente
95 g zucchero
2 uova medie
100 g crema spalmabile al cioccolato bianco
30 g latte intero
8 g lievito per dolci
Un pizzico di sale
Aroma di vaniglia
Zucchero a velo q.b.

PROCEDIMENTO

20 porz.
10 min + 15 min riposo
8 min
160°

Mettere in una ciotola tutti gli ingredienti, ad eccezione della crema spalmabile e del latte ed impastare con le mani fino ad ottenere un impasto compatto ed omogeneo. Avvolgere con la pellicola e far riposare in frigo per 15 minuti. Mettere l'impasto su un piano di lavoro infarinato e stendere l'impasto col mattarello. Con un bicchiere o con un coppa pasta ricavare dei dischi di circa 5 cm di diametro. Mettere al centro di metà dischi un cucchiaino di crema al cioccolato bianco. Bagnare i bordi dei dischi non farciti e ricoprire quelli farciti, sigillando bene i bordi. Distribuire i biscotti su un foglio di carta da forno e far riposare in frigo 10 minuti. Preriscaldare la friggitrice ad aria a 160° per 3 minuti. Spennellare i biscotti con il latte. Cuocere a 160° per 8 minuti, senza sovrapporre i biscotti l'uno sull'altro. Una volta che si saranno raffreddati, servire con una spolverata di zucchero a velo.

Kcal 170 | C 11,8 g | P 3,1 g | G 12,1 g

TORTA ALLA RICOTTA, CIOCCOLATO E PERE

INGREDIENTI

175 g farina 00
250 g ricotta
2 pere (circa 250 g)
150 g zucchero
3 uova medie
100 g cioccolato fondente
80 g olio di semi di girasole
90 g latte intero
30 g cacao amaro
8 g lievito per dolci

PROCEDIMENTO

12 porz.
10 min
35 min
160°

Mettere le uova e lo zucchero in una ciotola e montare il composto con le fruste elettriche. Sciogliere il burro con 100 g di cioccolato in microonde o a bagnomaria. Far intiepidire ed aggiungere all'impasto, continuando a frullare. Unire anche la ricotta e il latte e mescolare. Aggiungere la farina, il lievito e il cacao setacciati e mescolare fino a che non si saranno amalgamati tutti gli ingredienti. Tagliare a cubetti una pera e a fettine sottili, l'altra pera. Imburrare e infarinare una tortiera e versare metà composto. Distribuire la pera a cubetti e coprire con il restante impasto. Distribuire a raggiera le fettine di pera. Cospargere di zucchero e cuocere in friggitrice ad aria a 160° per 35 minuti. Fare la prova dello stecchino prima di rimuovere dalla friggitrice. Servire una volta intiepidita con una spolverata di cacao amaro.

Kcal 272 | C 32,6 g | P 6,4 g | G 13,3 g

RICETTE REGIONALI

PITTA SALENTINA

INGREDIENTI

1 kg patate
400 g cipolle rosse di Tropea
400 g pomodori pelati
1 uovo medio
180 g pecorino (pugliese) grattugiato
100 g peperone rosso
120 g olive nere denocciolate
40 g olio extravergine d'oliva
50 g pangrattato
10 g capperi
2 foglie di mentuccia
Un pizzico di origano
Sale e pepe q.b.

PROCEDIMENTO

4 porz.
20 min
35 min
180°

Lessare le patate in abbondante acqua salata. Per verificare la cottura, affondare una forchetta. Se entrerà senza fatica, le patate saranno cotte. Mettere i pomodori pelati in uno scolapasta. Tagliare a fettine sottili le cipolle. Sciacquare i capperi sotto l'acqua, strizzarli e sminuzzarli. Tagliare a rondelle le olive nere e a listarelle il peperone. Mettere in una padella 10 g d'olio e rosolare la cipolla a fiamma viva per un paio di minuti. Aggiungere sale e pepe, un po' d'acqua e chiudere con coperchio. Cuocere per 10 minuti a fiamma bassa, mescolando di tanto in tanto. Unire i peperoni e cuocere con coperchio per altri 10 minuti. Aggiungere i pomodori pelati e schiacciarli con un cucchiaio. Aggiungere anche i capperi, le olive e un pizzico di origano. Far restringere il sughetto. Scolare le patate, rimuovere la buccia, metterle in una ciotola e schiacciarle con una forchetta. Aggiungere un pizzico di sale alle patate, 5 g di olio e un paio di cucchiai di sugo di cipolle. Aggiungere anche il pecorino grattugiato, l'uovo e le foglione di menta spezzettate. Mescolare il tutto fino ad ottenere un impasto omogeneo. Ungere una teglia e cospargerla di pangrattato. Distribuire metà del composto di patate sul fondo, compattare con un cucchiaio, distribuire il sugo con le cipolle e distribuire nuovamente il composto di patate. Livellare con le mani inumidite. Ungere la superficie con l'olio, massaggiando un po' con le mani e spolverizzare col pangrattato. Cuocere in friggitrice ad aria a 180° per 15 minuti, fino a quando non si sarà formata una leggera crosticina sulla superfice. Servire calda. Conservare in frigo per massimo 2 giorni coperta con pellicola.

Kcal 430 | C 55 g | P 16,5 g | G 21,9 g |

ARROSTICINI VELOCI

INGREDIENTI

200 g di arrosticini di pecora
5 g olio extravergine d'oliva
Sale e pepe q.b.

PROCEDIMENTO

2 porz.
5 min
15 min
200°

Preriscaldare la friggitrice ad aria a 200° per 3 minuti. Posizionare gli arrosticini su un foglio di carta stagnola. Spruzzare con l'olio e cuocere a 200° per 15 minuti, girandoli a metà cottura. Aggiungere sale e pepe e servire subito.

Kcal 312 | C 0,5 g | P 22,5 g | G 22,3 g |

FARAONA RIPIENA ALL'ARANCIA

6 porz. | 15 min | 60 min | 180° - 200°

INGREDIENTI

- 1 faraona intera da 1 kg circa disossato
- 200 g carne macinata di vitello
- 100 g carne macinata di maiale
- 100 g pancetta fresca a fette
- 1 carota da 100 g
- 70 g mollica di pane raffermo
- 70 g latte intero
- 100 g vino bianco
- 1 uovo medio
- 2 arance (di cui 1 solo la scorza grattugiata)
- 1 cucchiaio di insaporitore per carne
- 1 rametto di rosmarino
- 1 cucchiaino di cipolla secca
- 2 foglie di salvia
- 1 spicchio d'aglio
- Sale e pepe q.b.

PROCEDIMENTO

Rimuovere le piume alla faraona. Mettere in ammollo il pane nel latte per una decina di minuti. Unire in una ciotola le carni macinate, le erbe aromatiche tritate, l'aglio tritato, l'insaporitore per carne, il pane strizzato dal latte, l'uovo, scorza grattugiata dell'arancia, sale e pepe ed impastare con le mani. Lavare, mondare e sbucciare la carota. Riempire la faraona con il composto di macinato ed inserire al centro la carota. Richiudere la faraona con dentro stuzzicadenti o con dello spago. Preriscaldare la friggitrice ad aria a 200° per 5 minuti. Mettere la faraona in una teglia e cuocere a 180° per 30 minuti. Irrorare con il vino, di tanto in tanto. Tagliare a fettine l'altra arancia. Girare la faraona dall'altro lato; disporre le fettine di pancetta sulla superficie, spolverare con sale e pepe e aggiungere le fettine di arancia, intorno alla faraona. Cuocere per altri 25 minuti a 200°. Lasciar intiepidire 5 minuti prima di servire.

Kcal 448 | C 7,8 g | P 52,7 g | G 22,4 g |

PAGNOTTELLI

10 porz. | 20 min + 3 h e 1/2 lievitazione | 13 min | 180°

INGREDIENTI

- 200 g farina 00
- 200 g farina manitoba
- 100 ml latte intero
- 100 ml acqua
- 60 g strutto
- 5 g lievito di birra fresco
- 5 g sale fino
- 50 g parmigiano grattugiato
- 80 g provola piccante
- 80 g provola dolce
- 100 g pancetta a cubetti
- 100 g prosciutto cotto
- 2 uova sode
- Un pizzico di pepe

PROCEDIMENTO

Sciogliere il lievito nel latte e nell'acqua tiepidi. Mettere la farina nella ciotola e disporla a fontana con un buco al centro. Versare il composto col lievito ed iniziare ad impastare. Aggiungere 40 g di strutto e impastare energicamente fino ad ottenere un impasto liscio ed elastico. Mettere l'impasto in una ciotola unta con lo strutto e far lievitare per 2 ore, coperto con pellicola. Mettere l'impasto su un piano di lavoro infarinato e stenderlo col mattarello fino a creare una sfoglia rettangolare. Ricoprire con pancetta, prosciutto cotto spezzettato, provola a cubetti pezzetti e le uova sode sbriciolate. Pressare leggermente con le mani e cospargere di parmigiano grattugiato. Richiudere la sfoglia, avvolgendola leggermente su se stessa e tagliare a fette spesse il rotolo. Disporre i paninetti su un foglio di carta da forno unto con l'olio, ricoprire con una panno e lasciar lievitare per 2 ore. Preriscaldare la friggitrice ad aria a 180° per un paio di minuti. Spennellare con lo strutto rimasto e cuocere in friggitrice ad aria a 180° per 10 minuti. Cambiare lato e cuocere per altri 3 minuti. Lasciarli intiepidire prima di servire.

Kcal 323 | C 27,7 g | P 15,4 g | G 16,6 g |

CASTAGNACCIO TOSCANO

INGREDIENTI

400 g farina di castagne
500 ml d'acqua fredda
45 g zucchero di canna
50 g olio extravergine d'oliva
80 g uvetta sultanina
50 g pinoli
50 g noci
Un pizzico di sale
Un rametto di rosmarino
Buccia grattugiata di un'arancia

PROCEDIMENTO

12 porz.

10 min

35 min

180°

Mettere in ammollo l'uvetta in acqua fredda. Unire in una ciotola la farina di castagne, l'acqua, lo zucchero la buccia grattugiata dell'arancia, il pizzico di sale e mescolare per bene. Aggiungere 30 g d'olio d'oliva e mescolare. Versare il composto in una tortiera rettangolare o rotonda ed cospargere con l'uvetta precedentemente scolata e strizzata, le noci spezzettate, i pinoli e gli aghi di rosmarino. Distribuire l'olio rimasto a filo sulla superficie. Preriscaldare la friggitrice ad aria a 200° e cuocere il castagnaccio a 180° per 35 minuti o fino a quando la superficie non risulterà crepata. Far raffreddare e servire a pezzi. Conservare coperta con pellicola a temperatura ambiente per un paio di giorni.

Kcal 243 | C 35,8 g | P 3,9 g | G 10,3 g |

CASATIELLO

INGREDIENTI

300 g farina 00
150 ml d'acqua
80 g strutto
6 g lievito di birra fresco
4 g sale fino
200 g provola
200 g salame napoletano
50 g pecorino grattugiato
4 uova
Sale e pepe

PROCEDIMENTO

12 porz.

30 min + 4 h lievitazione

40 min

180°

Sciogliere il lievito nell'acqua tiepida. Mettere la farina a fontana su un piano di lavoro e versare al centro il composto di lievito e acqua. Aggiungere 65 g di strutto a mano a mano, continuando ad impastare. Aggiungere anche 20 g di pecorino, il sale e un pizzico di pepe ed impastare energicamente per 15-20 minuti. Formare una palla con l'impasto che dovrà risultare omogeneo e liscio e mettere in una ciotola unta con lo strutto. Coprire con pellicola e far lievitare in un ambiente caldo per un'ora. Tagliare a cubetti il salame e la provola. Stendere l'impasto su un piano di lavoro infarinato con un mattarello e creare una sfoglia rettangolare di circa 1 centimetro. Prelevare delle strisce di impasto e metterle da parte. Distribuire il salame, la provola e il pecorino grattugiato. Arrotolare la sfoglia su se stessa il più delicatamente possibile. Ungere abbondantemente uno stampo per casatiello e metterci all'interno l'impasto farcito. Coprire con pellicola e lasciar lievitare per 3 ore in friggitrice ad aria spenta o in un ambiente caldo. Lavare bene e asciugare le uova. Bucare la superficie del casatiello e mettere le 4 uova sulla superficie. Coprire con le strisce di impasto precedentemente messe da parte. Ungere la superficie del casatiello con abbondante strutto e preriscaldare la friggitrice ad aria a 180° per 5 minuti. Cuocere a 180° per 40 minuti. Lasciar raffreddare e servire a fette. Conservare in frigo in un sacchetti di plastica per massimo 3 giorni oppure congelare.

Kcal 282 | C 19 g | P 14 g | G 16,6 g |

GNOCCHI ALLA ROMANA

INGREDIENTI

250 g semolino
1 lt di latte intero
2 tuorli d'uovo
80 g parmigiano grattugiato
100 g burro
50 g pecorino romano
Sale e pepe q.b.
10 foglie di salvia fresca
Un pizzico di noce moscata

PROCEDIMENTO

6 porz.

30 min

15 min

180° - 200°

Mettere il latte in una pentola. Aggiungere 30 g di burro, un pizzico di sale e noce moscata. Versare il semolino a pioggia e mescolare energicamente con una frusta a mano. Cuocere il composto a fuoco basso per qualche minuto; quando inizierà a staccarsi dal fondo, togliere dal fuoco. Unire i due tuorli e mescolare con un mestolo di legno. Unire anche il parmigiano grattugiato a mano a mano ed amalgamare il tutto. Versare metà impasto ancora caldo su un foglio di carta da forno e dare una forma cilindrica con le mani. Avvolgerlo con carta da forno e ripetere l'operazione con l'altra parte di impasto. Far riposare in frigo per un'ora. Tagliare a fette spesse di un centimetro i cilindri, formando dei dischi. Imburrare una teglia e disporre gli gnocchi alla romana leggermente uno sopra all'altro, alternando qua e là a foglioline di salvia. Cospargere di burro fuso e pecorino grattugiato. Cuocere in friggitrice ad aria precedentemente preriscaldata a 180° per 10 minuti e a 200° per altri 5 minuti, fino ad ottenere la gratinatura desiderata. Servire caldi. Coprire con pellicola e conservarli in frigo per massimo 2 giorni oppure congelare.

Kcal 485 | C 38,8 g | P 18 g | G 28,3 g |

SARDE A BECCAFICO

INGREDIENTI

1 kg sarde sfilettate
150 g pangrattato
50 g pecorino grattugiato
60 g pinoli
60 g uvetta sultanina
40 g succo d'arancia 100%
40 g olio extravergine d'oliva
1 mazzetto di prezzemolo
5 g zucchero
20 foglie di alloro essiccato
5 g sale
Un pizzico di pepe

PROCEDIMENTO

6 porz.

30 min

15 min

180°

Lavare e tamponare le sarde. Disporle su un piano di lavoro. Mettere il pangrattato in una padella con un filo d'olio ed un pizzico di sale e tostarlo per 3 minuti, continuando a mescolare. Mettere il pangrattato in una ciotola ed unire il pecorino grattugiato, il prezzemolo tritato, lo zucchero, l'uvetta, i pinoli, 20 g di succo d'arancia, 20 g d'olio e mescolare. Mettere una noce di impasto nella parte della testa e arrotolare su se stessa. Ripetere l'operazione con tutte le sarde. Mettere le sarde in una pirofila, una in fila all'altra ed infilzarne 3-4 con un bastoncino lungo, alternando di tanto in tanto con le foglie di alloro. Distribuire sulla superficie delle sarde l'olio e il succo d'arancia rimasti ed il composto di pangrattato. Cuocere a 180° per 15 minuti, cambiando lato a metà cottura. Servire calde. Conservare in frigo per massimo 3 giorni in un contenitore chiuso.

Kcal 499 | C 28,7 g | P 43,1 g | G 23,4 g |

GATEAU DI PATATE

INGREDIENTI

500 g patate
100 g prosciutto cotto
50 g salame Napoli
50 g mozzarella
50 g provola
2 uova grandi
60 g parmigiano grattugiato
30 g pangrattato
20 g olio extravergine d'oliva
Sale e pepe q.b.

PROCEDIMENTO

4 porz.
30 min
23 min
180°

Lessare le patate con la buccia, fino a quando non risulteranno completamente cotte. Per verificare la cottura, affondare una forchetta all'interno. Se questa entra dentro senza fatica, le patate saranno cotte. Passarle sotto l'acqua fredda e sbucciarle. Schiacciare con uno schiacciapatate o con una forchetta le patate ancora calde e metterle in una ciotola. Strizzare la mozzarella e tagliarla a cubetti. Tagliare a cubetti anche il salame e la provola. Tagliare il prosciutto a listarelle. Aggiungere alle patate, le uova, 30 g di parmigiano, la provola, la mozzarella, il salame, il prosciutto cotto, sale e pepe e mescolare. Oliare una pirofila e distribuire parte del pangrattato. Versare all'interno della pirofila il composto di patate, livellare e distribuire il pangrattato, il parmigiano e l'olio rimasti. Cuocere in friggitrice ad aria a 180° per 20 minuti e per altri 3 minuti a 200°. Servire caldo. Conservare in frigo per massimo 3 giorni, coperto con pellicola.

Kcal 444 | C 28,9 g | P 25,2 g | G 25,9 g |

TARALLINI AI TRE GUSTI

INGREDIENTI

520 g farina 00
120 g olio extravergine d'oliva
200 g vino bianco secco
10 g sale fino
10 g concentrato di pomodoro
1 cucchiaino di rosmarino secco
1 cucchiaino di semi di finocchietto
½ cucchiaino di paprika dolce
Un pizzico di pepe
Un pizzico di origano

PROCEDIMENTO

60 porz.
20 min
30 min
180°

Mettere in una ciotola la farina disposta a fontana, il sale e l'olio. Impastare quel tanto che basta per ottenere un impasto rugoso e non troppo amalgamato. Aggiungere il vino, amalgamarlo e trasferire l'impasto in un piano di lavoro. Impastare vigorosamente con le mani per 10 minuti fino ad ottenere un impasto liscio e compatto. In alternativa, si può utilizzare la planetaria. Dividere l'impasto in 3 parti uguali ed aggiungere in un pezzo, il concentrato di pomodoro, un pizzico di pepe, un pizzico di origano e la paprika. Impastare nuovamente e brevemente fino ad amalgamare gli ingredienti. In un altro pezzo, mettere i semi di finocchio e amalgamare. Nell'ultimo pezzo, mettere il rosmarino. Per ogni parte, staccare 20 pezzettini di impasto e modellare con i polpastrelli. Formare un cordoncino spesso un centimetro e lungo circa 11-12 centimetri. Unire le due estremità, sovrapponendole tra loro. Portare a bollore una pentola d'acqua. Immergere pochi taralli per volta e farli cuocere fino a quando non risalgono in superficie. Prelevarli con una schiumarola e metterli su un canovaccio pulito. Mettere i taralli su un foglio di carta da forno, senza sovrapporli troppo l'un con l'altro e cuocerli in friggitrice ad aria a 180° per 30 minuti, cambiando lato a metà cottura. Conservare i tarallini in un sacchetto di plastica chiuso per massimo 3 giorni.

Kcal 48 | C 6,3 g | P 0,9 g | G 2,1 g |

GRISSINI TORINESI

INGREDIENTI

500 g farina 00
280 ml acqua tiepida
70 g olio extravergine d'oliva
5 g miele
8 g sale fino
15 g lievito di birra fresco
10 g farina di semola di grano duro

PROCEDIMENTO

45 porz.
20 min + 1-2 h lievitazione
15 min
200°

Mettere in una ciotolina il lievito, il miele e poca acqua tiepida; far sciogliere il lievito mescolando leggermente. In un'altra ciotola mettere l'acqua rimasta e il sale e far sciogliere anche quest'ultimo. Mettere la farina in una ciotola o in una planetaria, aggiungere il composto con acqua, lievito e miele e impastare a mano oppure col gancio a foglia. Unire il composto di acqua e sale a 60 g di olio e unire al resto dell'impasto, a filo. Continuare ad impastare fino ad ottenere un impasto liscio ed elastico. Dare la forma di rettangolo all'impasto e trasferirlo su un piano di lavoro, spolverizzato di farina di semola. Spennellare l'impasto con un po' d'olio e spolverizzare la farina di semola. Lasciar lievitare l'impasto per una/due ore, o fino a quando non sarà raddoppiato di volume. Tagliare l'impasto dal lato corto, ottenendo delle strisce di 1 centimetro circa. Allungare ogni striscia, tirando con le mani dalle estremità, fino a raggiungere la lunghezza desiderata. Posizionarli su un foglio di carta da forno, uno vicino all'altro, senza sovrapporli. Spennellare con l'olio d'oliva rimasto. Preriscaldare la friggitrice ad aria a 200° per 3 minuti. Cuocere in friggitrice ad aria a 200° per 15 minuti, scuotendo il cestello a metà cottura. Conservare i grissini in un sacchetto di carta per massimo 3 giorni.

Kcal 53 | C 8,4 g | P 1,1 g | G 1,7 g |

CHIACCHERE DI CARNEVALE

INGREDIENTI

300 g farina 00
60 g burro
60 g zucchero
2 uova medie
Scorza grattugiata di un'arancia
30 g liquore a base di cognac aromatizzato all'arancia
10 g olio di semi di girasole
Aroma di vaniglia
Un pizzico di sale
Zucchero a velo (30 g circa)

PROCEDIMENTO

10 porz.
30 min
15 min
180°

Mettere la farina su un piano di lavoro disposta a fontana. Fare un buco al centro e metterci dentro le uova, la scorza grattugiata dell'arancia, il burro tagliato a tocchetti, lo zucchero, il liquore e l'aroma di vaniglia. Impastare fino ad ottenere un impasto lavorabile. Avvolgere l'impasto nella pellicola e farlo riposare per 20 minuti. Stendere l'impasto con un mattarello o con una macchina per stendere la pasta, impostando il rullo a livello 4. Adagiare le sfoglie su un piano di lavoro infarinato e tagliare a pezzi e/o a striscioline in base alla forma che si vuole dare alle chiacchere. Spruzzare con l'olio di semi la superficie delle chiacchere e cuocerle senza sovrapporle, in friggitrice ad aria a 170° per 5 minuti. Cambiare lato, spruzzare ancora con l'olio e cuocere per altri 2/3 minuti. Far raffreddare e spolverare con zucchero a velo. Conservare in sacchettini di plastica, chiuse per massimo 5 giorni.

Kcal 200 | C 31,9 g | P 3,1 g | G 6,3 g |

STRUDEL DI MELE VELOCE

INGREDIENTI

1 rotolo di pasta sfoglia rettangolare (230 g)
700 g mele golden o renette
50 g burro
50 g pinoli tostati
50 g uvetta
60 g zucchero di canna
50 g pangrattato
1 tuorlo d'uovo
20 g latte intero
1 limone (succo e scorza grattugiata)
1 cucchiaio di cannella in polvere
Zucchero a velo q.b.

PROCEDIMENTO

8 porz.
20 min
25 min
170°

Mettere in ammollo l'uvetta nell'acqua per 15 minuti. Nel frattempo, sciogliere 30 g di burro in una padella ed aggiungere il pangrattato. Farlo dorare per un paio di minuti a fiamma viva. Sbucciare le mele, tagliarle a spicchi e a fettine sottili. Metterle in una ciotola con il succo di limone e la scorza grattugiata di limone. Aggiungere 50 g di zucchero, la cannella e mescolare. Unire poi i pinoli e l'uvetta scolata. Mescolare per bene il tutto. Unire il composto di pangrattato a quello di mele e mescolare per bene. Sciogliere il burro rimasto. Srotolare la pasta sfoglia e spennellare col burro la superficie, senza includere i bordi. Distribuire uniformemente il composto di mele, lasciando circa 1 centimetro nei bordi. Ripiegare su se stessa la pasta sfoglia e sigillare le estremità. Mettere lo strudel su un foglio di carta da forno e cuocere a 170° per 25 minuti, cambiando lato a metà cottura. Far raffreddare completamente e servire con una spolverata di zucchero a velo.

Kcal 328 | C 41,3 g | P 4,8 g | G 16,7 g |

TORTELLI DI ZUCCA GRATINATI

INGREDIENTI

400 g farina 0
4 uova medie
1,2 kg di zucca
60 g mostarda di mele
60 g amaretti
120 g parmigiano grattugiato
20 g pangrattato
70 g burro
10 foglie di salvia
Un pizzico di noce moscata
Sale e pepe q.b.

PROCEDIMENTO

4 porz.
30 min
15 min
180°

Cuocere la zucca come da ricetta della "zucca ripiena", senza ripieno, a pagina 68. Mettere la zucca in una ciotola e schiacciare la zucca con una forchetta ed aggiungere il pangrattato, la mostarda schiacciata, gli amaretti tritati, 80 g parmigiano grattugiato, sale e pepe ed un pizzico di noce moscata. Se l'impasto dovesse risultare troppo bagnato, aggiungere ancora un cucchiaio di pangrattato. Per la pasta, mettere su un piano di lavoro la farina a fontana. Aggiungere le uova ed impastare fino ad ottenere un impasto omogeneo e liscio. Se l'impasto dovesse risultare troppo duro, aggiungere un po' di acqua. Stendere l'impasto creando una sfoglia sottile con la sfogliatrice o col mattarello. Tagliare a strisce la pasta e ricavare dei rettangoli. Mettere al centro una noce del ripieno di zucca e richiudere a fagottino, aiutandosi con le dita inumidite. Distanziare i tortelli l'un dall'altro ed infarinarli leggermente. Portare a bollore una pentola d'acqua salata e cuocere i tortelli al dente per 2/3 minuti. In un pentolino, rendere croccanti le foglie di salvia con parte del burro per circa 3 minuti. Scolare i ravioli e disporli in una pirofila. Distribuire il burro con la salvia, il parmigiano rimasto e il burro in ciuffetti. Cuocere in friggitrice ad aria a 180° per 10 minuti o fino a quando non si è formata sulla superficie una leggera crosticina. Servire caldi con una spolverata di pepe.

Kcal 488 | C 32,2 g | P 20,7 g | G 28,9 g |

COTECHINO IN CROSTA CON CREMA DI LENTICCHIE VELOCE

8 porz. | 10 min | 20 min | 200°

INGREDIENTI

1 rotolo di pasta sfoglia rettangolare (200 g)
500 g cotechino precotto
250 g lenticchie in scatola
100 g carote
100 g cipolla
100 g sedano
1 tuorlo d'uovo
20 g semi di sesamo
15 g olio extravergine d'oliva
2 foglie d'alloro
1 rametto di rosmarino
Brodo vegetale q.b.
Sale e pepe q.b.

PROCEDIMENTO

Cuocere il cotechino seguendo le indicazioni della confezione. Scolarlo della sua acqua e farlo raffreddare. Nel frattempo, tritare carote, cipolla e sedano e rosolare in una padella con l'alloro e il rosmarino per 10 minuti. Aggiungere brodo vegetale se si dovesse asciugare troppo. Sciacquare per bene le lenticchie sotto l'acqua corrente in uno scolapasta. Aggiungere le lenticchie ed insaporire con sale e pepe. Cuocere insieme per 5 minuti, senza coperchio, fino a far asciugare il sughetto. Mettere il tutto in un bicchiere altro e frullare con un frullatore ad immersione. Far raffreddare la crema di lenticchie. Srotolare la pasta sfoglia e distribuire la crema di lenticchie. Mettere il cotechino al centro e coprire con altra crema di lenticchie. Richiudere il tutto e rimuovere gli eventuali eccessi di pasta sfoglia. Sigillare i bordi, bucherellare la superficie della pasta sfoglia con una forchetta, spennellare la superficie con il tuorlo d'uovo sbattuto col latte e distribuire i semi di sesamo. Ricoprire con pellicola e mettere in congelatore per 15 minuti. Preriscaldare la friggitrice ad aria a 200° per 4 minuti e cuocere il cotechino in crosta sempre a 200° per 15 per 25 minuti, cambiando lato a metà cottura. Servire caldo, a fette.

Kcal 331 | C 14,9 g | P 20 g | G 20,5 g

BACCALÀ "FRITTO"

6 porz. | 10 min | 15 min | 180°

INGREDIENTI

450 g baccalà dissalato
110 g di farina 00
110 g farina di semola
2 uova medie
180 ml acqua frizzante fredda
20 g di olio di semi di girasole
10 g olio extravergine d'oliva
1 limone
Prezzemolo tritato q.b.
Sale e pepe q.b.

PROCEDIMENTO

Mettere in una ciotola l'acqua frizzante, l'olio di semi e le uova. Mescolare ed aggiungere le farine setacciate, il prezzemolo tritato, un pizzico di sale e pepe. Mescolare nuovamente fino ad ottenere una pastella densa e cremosa. Preriscaldare la friggitrice ad aria a 200°. Immergere il baccalà nella pastella fino a ricoprirlo completamente. Mettere i pezzi di baccalà su un foglio di carta da forno e mettere subito a cuocere a 200° per 15 minuti. A metà cottura spruzzare con l'olio e cambiare lato. Servire caldo con una spolverata di sale e fettine di limone.

Kcal 240 | C 26,2 g | P 15,7 g | G 7,1 g

PASTIERA NAPOLETANA

INGREDIENTI

PER LA PASTA FROLLA
250 g farina 00
100 g burro
70 g zucchero
30 g miele millefiori
40 g latte intero
1 uovo medio
Scorza di ½ arancia
Scorza di ½ limone
Un pizzico di sale

PER IL RIPIENO
250 g grano cotto
125 g latte intero
40 g burro
Scorza di ½ arancia
Scorza di ½ limone
250 g ricotta di pecora
200 g zucchero
80 g cedro candito
2 uova grandi
1 tuorlo d'uovo
15 g acqua di fiori d'arancio
25 g miele millefiori
Scorza d'arancia e di limone q.b.

PROCEDIMENTO

12 porz.
40 min
30 min
160° - 190°

Setacciare la farina su un piano di lavoro ed aggiungere il resto degli ingredienti. Impastare velocemente con mani fino ad ottenere un impasto liscio ed omogeneo. Lasciar riposare in frigo avvolto con pellicola. In un pentolino mettere il grano cotto, il latte, le bucce grattugiate di limone e arancia, il pizzico di sale, il burro. Mescolare per bene e far andare sul fuoco per pochi minuti o comunque, fino a sfiorare il bollore. Mettere il tutto in una pirofila e far raffreddare. Setacciare la ricotta ed aggiungere lo zucchero. Aggiungere il cedro e frullare brevemente con un frullatore ad immersione. Aggiungere il miele e il composto di grano, incorporandolo a mano a mano. In un'altra ciotola unire le uova, il tuorlo, l'acqua di fiori d'arancio, il latte, e le scorze di limone e arancio e mescolare bene il tutto. Unire incorporando il composto di uova a quello di ricotta. Dividere la pasta frolla in due parti, una più grande ed una più piccola. Stendere con un mattarello la parte più grande e rivestire una tortiera precedentemente imburrata e infarinata. Bucherellare con una forchetta. Farcire con il ripieno, formare 7 strisce con la pasta rimasta e adagiare sulla superficie del ripieno. Preriscaldare la friggitrice ad aria a 160° per 5 minuti. Mettere la pastiera nel cestello e cuocere a 160° per 25 minuti e altri 5 minuti a 190°. Fare la prova dello stecchino prima di rimuovere dalla friggitrice. Se la base della pastiera non dovesse essere abbastanza cotta, capovolgerla e cuocerla altri 5 minuti a 190°. Servire una volta raffreddata completamente. Conservare la pastiera in frigorifero per massimo 5 giorni.

Kcal 342 | C 46,2 g | P 7 g | G 14,8 g |

CROCCANTE ALLE NOCCIOLE E MANDORLE

INGREDIENTI

250 g mandorle
250 g nocciole
350 g zucchero
130 g miele d'acacia
10 g succo di limone
Scorza grattugiata di mezzo limone

PROCEDIMENTO

20 porz.
10 min
20 min
160°

Tostare le mandorle e le nocciole in friggitrice ad aria a 160° per 20 minuti, scuotendo il cestello di tanto in tanto. Mettere in un pentolino il miele, lo zucchero, scorza grattugiata del limone e il succo di limone. Mescolare e sciogliere a fiamma media fino a renderlo un composto omogeneo e dorato. Versare le mandorle e le nocciole calde nel composto con lo zucchero, mescolare per bene e versare su una teglia ricoperta con carta da forno. Livellare con un cucchiaio di legno e far raffreddare completamente. Tagliare a pezzi e servire. Conservare avvolto in carta da forno oliata, chiuso in una scatola di latta o di vetro.

Kcal 245 | C 25,5 g | P 4,4 g | G 14,2 g |

CASTAGNOLE

INGREDIENTI

200 g farina 00
50 g zucchero
50 g burro
2 uova medie
8 g lievito per dolci
Scorza grattugiata di un limone
Aroma di vaniglia
1 cucchiaino di liquore all'anice
Un pizzico di sale
10 g olio di semi di girasole
Zucchero semolato q.b. (50 g circa)

PROCEDIMENTO

12 porz.

10 min

6 min

160° - 190°

Mettere in una ciotola la farina e al centro aggiungere lo zucchero, il burro, le uova, il sale, l'aroma di vaniglia, la scorza grattugiata di limone, il lievito e il liquore all'anice. Impastare con le mani fino ad ottenere un panetto omogeneo e morbido. Mettere l'impasto su un piano di lavoro infarinato, formare dei cordoncini spessi circa 2 cm. Tagliare a pezzetti e dare la forma di palline. Preriscaldare la friggitrice ad aria a 200° per 3 minuti. Mettere 6 palline alla volta su un foglio di carta da forno. Spruzza con l'olio di semi e cuocere in friggitrice ad aria a 200° per 6 minuti, scuotendo un po' il cestello a metà cottura. Mettere lo zucchero semolato in un piatto e passarli le castagnole, non appena pronte. Servire intiepidite.

Kcal 141 | C 20,9 g | P 2,9 g | G 5,3 g |

FRITTELLE VENEZIANE CON UVETTA E PINOLI

INGREDIENTI

400 g farina 00
20 g zucchero
2 uova medie
100 g pinoli
100 g uvetta
120 g latte intero
30 g lievito di birra fresco
Un pizzico di sale
Aroma rum
20 g zucchero a velo
10 g olio di semi di girasole

PROCEDIMENTO

30 porz.

20 min + 2 h lievitazione

10 min

170°

Mettere in ammollo l'uvetta in acqua tiepida. In una ciotolina sciogliere il lievito con 3 cucchiai di acqua tiepida. Scaldare il latte senza portarlo a bollore. Mettere la farina setacciata in una ciotola; aggiungere lo zucchero e il pizzico di sale. Unire, amalgamando, le uova, il lievito con l'acqua e l'aroma di rum. Aggiungere anche il latte, continuando a mescolare, fino ad ottenere una pastella densa. Scolare e strizzare l'uvetta ed aggiungerla al resto del composto. Aggiungere anche i pinoli ed amalgamare. Coprire la ciotola con un canovaccio e lasciar lievitare per circa 2 ore o fino a quando, l'impasto non sarà raddoppiato di volume. Preriscaldare la friggitrice ad aria a 200° per 5 minuti. Mettere un po' di impasto in un foglio di carta da forno con un cucchiaio e ripetere l'operazione, lasciando un po' di spazio tra l'una e l'altra. Spruzzare con l'olio di semi di girasole. Cuocere in friggitrice ad aria 170° per 10 minuti, cambiando lato a metà cottura. Far intiepidire e spolverare con zucchero a velo.

Kcal 93 | C 14,8 g | P 2,9 g | G 2,6 g |

TARALLI DOLCI AL VINO

INGREDIENTI

350 g farina 00
130 g zucchero di canna
100 g olio di semi di mais
100 g vino rosso
5 g lievito per dolci

PROCEDIMENTO

Unire in una ciotola la farina e il lievito setacciati, lo zucchero di canna e mescolare. Dare la forma a montagna e versare al centro l'olio di semi di mais a filo. Aggiungere anche il vino rosso e mescolare con una forchetta. Se l'impasto dovesse risultare troppo duro, aggiunge qualche cucchiaio di vino. Impastare fino ad ottenere un composto omogeneo e compatto. Dare la forma di tarallo e passare ogni tarallo nello zucchero rimasto. Mettere i taralli su un foglio di carta da forno e cuocere in friggitrice ad aria a 170° per 30 minuti, cambiando lato a metà cottura. Far raffreddare, mettere al centro di ogni tarallo una mandorla e servire.

35 porz.
12 min
30 min
170°

Kcal 83 | C 11,4 g | P 1,3 g | G 3,4 g |

CALZONCELLI DI CASTAGNE

INGREDIENTI

300 g farina 0
120 g vino bianco
200 g zucchero
60 g olio extravergine d'oliva
1 tuorlo d'uovo
250 g castagne secche oppure 500 g di purea di castagne
200 g cioccolato fondente 70%
70 g cacao amaro
50 g nocciole
40 g pera candita
1 pizzico di cannella in polvere
1 pizzico di sale
Zucchero a velo q.b.

PROCEDIMENTO

Lasciare in ammollo le castagne per una notte intera. Scolarle ed asciugarle. Lessarle per 30 minuti in abbondante acqua calda. Scolarle e conservare il liquido di cottura. Metterle nel mixer ancora calde e frullarle fino ad ottenere una purea; metterle da parte. Unire nel mixer il cioccolato e le nocciole e frullare fino a ridurre in farina, prestando attenzione a non sciogliere il cioccolato, oppure grattugiare entrambi. In una ciotola aggiungere il cioccolato grattugiato con le nocciole, la purea di castagne, il cacao amaro, 200 g zucchero, la cannella, la pera sminuzzata. Impastare fino ad ottenere un impasto compatto ed amalgamato. Se dovesse risultare troppo duro, aggiungere un po' di acqua di cottura delle castagne. Mettere da parte il composto. In un piano di lavoro disporre la farina a fontana. Aggiungere il pizzico di sale e il vino ed iniziare a impastare. Aggiungere il tuorlo e a mano a mano, l'olio, continuando ad impastare fino ad ottenere un impasto liscio ed omogeneo. Stendere l'impasto creando una sfoglia sottile col matterello o con la sfogliatrice. Disporre una noce di ripieno sulla sfoglia, distanziandola dall'altra di 2 cm circa. Richiudere la sfoglia piegandola su se stessa e premere su ogni pallina in modo da far aderire la pasta intorno. Schiacciare con i rebbi di una forchetta tutti i lati. Spruzzare con l'olio d'oliva i calzoncelli e cuocere in friggitrice ad aria precedentemente preriscaldata a 180° per 10 minuti, girandoli a metà cottura. Servire con una spolverata di zucchero a velo, una volta intiepiditi. Conservare in un contenitore di plastica per massimo 2 giorni.

12 porz.
30 min + tempo per ammollo
15 min
180°

Kcal 427 | C 33,2 g | P 20,7 g | G 28,9 g |

COTOLETTA ALLA MILANESE

INGREDIENTI

- 250 g costoletta di vitello con o senza osso, oppure fettina di vitello
- 2 uova
- 100 g pangrattato
- 50 g farina 00
- 20 g burro chiarificato
- Un cucchiaino di prezzemolo tritato fresco
- Sale e pepe q.b.
- Due spicchi di limone

PROCEDIMENTO

Appiattire le fettine di vitello con un batticarne se sono troppo spesse. Inciderle leggermente con un coltello in 2-3 punti. Mettere in un piatto il pangrattato. In un altro piatto le uova sbattute con sale, pepe e prezzemolo e in un altro piatto la farina. Passare le fettine prima nella farina, fino a ricoprirle tutte, poi nell'uovo sbattuto e successivamente nel pangrattato. Passarle nuovamente nell'uovo e per un ultima volta nel pangrattato. Sciogliere il burro chiarificato e distribuirlo a filo sulle cotolette da ambo i lati. Preriscaldare la friggitrice ad aria a 200° per un 3 minuti. Cuocere per 20 minuti a 200°, cambiando lato a metà cottura. Servire subito con uno spicchio di limone.

Kcal 573 | C 54,1 g | P 42,2 g | G 20,5 g |

2 porz.

10 min

20 min

200°

SCAGNUZZELLI

INGREDIENTI

- 250 g farina di mais per polenta
- 1 lt d'acqua
- 150 g salame napoletano
- 100 g pecorino romano
- 20 g olio extravergine d'oliva
- Sale e pepe q.b.

PROCEDIMENTO

Tagliare a cubetti il pecorino e il salame. In una casseruola mettere l'acqua, la farina di mais, il sale, 10 g d'olio e cuocere a fuoco medio fino al completo assorbimento dell'acqua, continuando a mescolare con un mestolo di legno. Spegnere il fuoco, aggiungere il pepe, il pecorino e il salame e continuare a mescolare. Trasferire il composto in una tortiera del diametro di 28 centimetri oppure in due tortiere piccole e stenderla con una spatola, creando uno spessore di circa 1 centimetro e mezzo. Lasciar riposare per un'ora. Tagliare a spicchi più o meno sottili e spruzzare da entrambi i lati con l'olio d'oliva. Cuocere gli scagnuzzelli, senza sovrapporli l'un con l'altro, direttamente sulla grata della friggitrice ad aria, a 200° per 10 minuti. Servire caldi.

Kcal 573 | C 54,1 g | P 42,2 g | G 20,5 g |

2 porz.

10 min

20 min

200°

NACATOLE CALABRESI

INGREDIENTI

500 g farina 00
120 g zucchero
3 uova medie
30 g olio extravergine d'oliva
Aroma di vaniglia
Scorza grattugiata di un'arancia
50 g liquore all'anice
Zucchero a velo q.b.

PROCEDIMENTO

20 porz.
15 min + 30 min riposo
15 min
180°

Unire in una ciotola la farina, lo zucchero, l'aroma di vaniglia, l'arancia grattugiata e mescolare. Sbattere le uova in un'altra ciotola ed aggiungere al composto con la farina. Aggiungere anche l'olio ed impastare con una forchetta. Aggiungere per ultimo il vino ed impastare fino ad ottenere un impasto liscio ed omogeneo. Coprire con un canovaccio e far riposare per 20 minuti. Formare dei cordoni con dei pezzi di impasto e arrotolare per 3 giri su un bastoncino di bambù. Dopo di che, tornare indietro e sigillare le due estremità. Ripetere il procedimento fino ad esaurimento degli ingredienti. Preriscaldare la friggitrice ad aria a 180° per 5 minuti. Spruzzare con l'olio e cuocere in friggitrice a 180° per 15 minuti o fino a doratura, cambiando lato a metà cottura. Servire le nacatole con una spolverata di zucchero a velo. Conservare in un contenitore ermetico per massimo 3/4 giorni.

Kcal 135 | C 24,5 g | P 3,6 g | G 2,5 g |

PANPEPATO VELOCE

INGREDIENTI

120 g farina 00
100 g cioccolato fondente 70%
150 g miele millefiori
60 g noci
60 g nocciole
60 g mandorle
50 g uvetta sultanina
20 g cacao amaro
1 cucchiaino di cannella
2 pizzichi di pepe
1 pizzico di noce moscata

PROCEDIMENTO

8 porz.
10 min + 10 min riposo
20 min
160°

Mettere in ammollo l'uvetta per 10 minuti. Tritare grossolanamente la frutta secca. Sciogliere il cioccolato a bagnomaria. Unire in una ciotola l'acqua e il miele e sciogliere quest'ultimo, mescolando. Aggiungere il cioccolato e mescolare. Aggiungere anche la frutta secca, la farina e le spezie e mescolare velocemente fino ad ottenere un impasto omogeneo e compatto. Dare la forma di una pagnotta. Rivestire una tortiera con carta da forno e adagiare il panpepato all'interno. Cuocere a 160° per 20 minuti. Servire intiepidito. Conservare in una tortiera per massimo 3 giorni.

Kcal 356 | C 37,3 g | P 7 g | G 19,1 g |

VINCISGRASSI MARCHIGIANO

8 porz.

20 min

30 min +
1 h e 30

180°

INGREDIENTI

500 g sfoglia fresca
350 g frattaglie di pollo (oppure solo fegatini e durelli)
350 g passata di pomodoro
200 g macinato di maiale
200 g macinato di manzo
200 g mozzarella
200 ml brodo di carne
100 g parmigiano grattugiato
100 g pancetta a cubetti
100 g sedano
100 g cipolla
100 g carota
10 g olio extravergine d'oliva
50 g vino rosso
2 chiudi di garofano
Un pizzico di noce moscata
Sale e pepe q.b.

PROCEDIMENTO

Tritare sedano, carote e cipolla. Scaldare una pentola con l'olio e soffriggere per 5 minuti sedano, carote, cipolla tritati, chiodi di garofano, noce moscata e pancetta. Mescolare ed aggiungere la carne macinata. Sfumare col vino rosso e cuocere per 10 minuti. Aggiungere sale, pepe e passata di pomodoro. Aggiungere anche le frattaglie, un po' di brodo e mescolare; mettere il coperchio e cuocere per circa 1 ora e mezza, fino a farlo asciugare. Far scolare la mozzarella e tagliarla a cubetti. Mettere in una pirofila dai bordi alti uno strato di ragù, uno strato di lasagne, ancora abbondante ragù, parmigiano e mozzarella a dadini. Proseguire fino a formare 10 strati. Ultimare con abbondante parmigiano. Cuocere in friggitrice ad aria a 160° per 20 minuti e per altri 10 minuti a 180°, fino a che non si sarà formata una crosticina sulla superficie. Lasciar intiepidire prima di servire. Conservare in frigo coperto con pellicola per massimo 2 giorni oppure congelare.

Kcal 541 | C 30,9 g | P 33,4 g | G 30,1 g |

STRUFFOLI NAPOLETANI

12 porz.

10 min +
10 min
riposo

20 min

200°

INGREDIENTI

400 g farina 00
60 g burro
40 g zucchero
2 uova medie
1 tuorlo d'uovo
250 g miele millefiori
5 g olio di semi di girasole
Scorza grattugiata di un'arancia
Un pizzico di sale
Un cucchiaio di liquore all'anice (facoltativo)
Confettini colorati q.b.
Canditi q.b.

PROCEDIMENTO

Unire in una ciotola la farina, lo zucchero, le uova e il tuorlo, burro fuso, liquore e il pizzico di sale. Impastare con le mani fino ad ottenere una palla liscia ed omogenea. Far riposare l'impasto per 30 minuti. Formare gli struffoli, spruzzare con l'olio di semi di girasole. Cuocere in friggitrice ad aria a 200° per 4 minuti. In una pentola sciogliere il miele, aggiungere gli struffoli e mescolare. Metterli su un vassoio e farli intiepidire. Decorare con confetti e canditi.

Kcal 252 | C 44,3 g | P 4,9 g | G 6,1 g |

ZEPPOLE CON CREMA DIPLOMATICA

12 porz.
30 min
25 min
180° - 200°

INGREDIENTI

PER LA PASTA CHOUX
220 g farina 00
300 g acqua
100 g burro
5 uova medie
50 g zucchero
2 g sale
Aroma di vaniglia
PER LA CREMA DIPLOMATICA
300 g panna fresca
200 g latte intero
40 g farina 00
50 g zucchero
3 tuorli d'uovo
6 g gelatina in fogli
Buccia grattugiata di 1 limone
50 g amarene sciroppate
Zucchero a velo q.b.

PROCEDIMENTO

Mettere in ammollo in acqua fredda la gelatina in fogli e mettere una ciotola in congelatore. Mettere in un pentolino il latte con la scorza grattugiata del limone e portare a bollore. In un altro pentolino unire tuorli, farina e 50 g di zucchero e mescolare con una frusta. Aggiungere 1/3 del latte nel composto di tuorli una volta che avrà iniziato a bollire e mescolare sempre con la frusta. Aggiungere il latte rimanente, rimettere sul fuoco per un paio di minuti e continuare a mescolare con la frusta. Togliere dal fuoco e mescolare energicamente con la frusta per un paio di minuti. Togliere la ciotola dal congelatore, mettere all'interno la crema e i fogli di gelatina strizzati e mescolare di nuovo fino a che la gelatina non si sia sciolta completamente. Far riposare in frigo. Montare la panna ed aggiungerla alla crema mescolando velocemente con una frusta. Coprire con pellicola e mettere in frigo. Per la pasta choux, mettere il burro, l'acqua e il sale in un pentolino e far sciogliere sul fuoco. Non appena inizia a sobbollire, aggiungere la farina, lo zucchero, l'aroma di vaniglia e mescolare fino ad ottenere un impasto compatto. Far raffreddare il composto per un paio di minuti. Aggiungere un uovo alla volta, incorporandolo all'impasto, mescolando con una spatola, prima di aggiungere le altre uova. Formare le zeppole con l'aiuto di una sac à poche, distribuendole in un foglio di carta da forno e mantenendole distanziate l'una dall'altra. Cuocere in friggitrice ad aria a 180° per 10 minuti e successivamente a 200° per altri 10 minuti. Farcire con la crema diplomatica e l'amarena sciroppata. Servire con una spolverata di zucchero a velo. Conservare in frigo per massimo 4/5 giorni in un contenitore chiuso.

Kcal 323 | C 28,2 g | P 7,2 g | G 19,8 g |

CANTUCCI CON MANDORLE E NOCCIOLE

30 porz.
10 min
10 min
180°

INGREDIENTI

250 g farina 00
180 g zucchero semolato
65 g mandorle
65 g nocciole
2 uova medie
Buccia grattugiata di 1 arancia
Buccia grattugiata di ½ limone
Aroma di vaniglia
Un pizzico di sale
5 g lievito per dolci

PROCEDIMENTO

Unire in una ciotola le uova con lo zucchero, l'aroma di vaniglia, il pizzico di sale e la buccia grattugiata del limone e dell'arancia. Sbattere con una forchetta ed aggiungere gli ingredienti secchi, setacciati. Impastare con le mani velocemente. Aggiungere le nocciole e le mandorle ed incorporare. Formare dei filoncini e posizionarli su un foglio di carta da forno; cuocerli in friggitrice ad aria per 5 minuti o fino a quando non risultano dorati in superficie. Tagliarli in diagonale fino a formare i cantucci e cuocerli nuovamente in friggitrice ad aria per 5 minuti. Far raffreddare e servire. Conservare in una scatola di latta o di vetro chiusa per massimo 10 giorni.

Kcal 85 | C 12,6 g | P 2,1 g | G 3 g |

STREET FOOD

STREET FOOD

ARANCINE DI RISO

INGREDIENTI

250 g riso originario
150 g riso Roma
50 g burro
2 bustine di zafferano
100 g carne macinata di maiale
100 g carne macinata di manzo
200 g passata di pomodoro
100 g piselli surgelati
100 g caciocavallo grattugiato
50 g caciotta
50 g cipolla bianca
50 g carota
50 g sedano
50 g pangrattato
30 g farina 00
30 ml acqua
50 g vino rosso
15 g olio extravergine d'oliva
2 foglie di alloro
1 rametto di rosmarino
Un pizzico di origano
Sale e pepe q.b.

PROCEDIMENTO

12 porz.
60 min
15 min
200°

Tritare sedano, carota e cipolla e soffriggere con 5 g di olio in una pentola. Aggiungere l'alloro, il rosmarino e far soffriggere per un paio di minuti. Aggiungere la carne macinata, mescolare e cuocere per un paio di minuti. Sfumare col vino e cuocere per 5 minuti. Aggiungere la salsa di pomodoro, sale e pepe e cuocere per 30 minuti. In un'altra padella lessare 10 minuti i piselli surgelati, scolarli ed aggiungerli al ragù. Far cuocere il ragù altri 10 minuti, fino a farlo asciugare completamente. Rimuovere l'alloro, il rosmarino e far raffreddare. Nel frattempo, cuocere il riso al dente in abbondante acqua salata (volendo si può usare la stessa pentola dei piselli). Scolare e rimettere nella pentola con zafferano e burro. Mantecare e lasciar raffreddare. Aggiungere il caciocavallo al ragù e mescolare. Far raffreddare completamente il riso e il ragù prima di formare gli arancini. Prendere un pugno di riso, scavare all'interno, inserire il ragù e un cubetto di caciotta. Richiudere e dare la forma di arancino. Compattare con le mani. Mettere in una ciotola la farina, l'uovo e l'acqua per formare una pastella non troppo fluida. Mettere in un altro piatto il pangrattato. Passare ogni arancino prima nella pastella e successivamente nel pangrattato. Spruzzare ogni arancino con l'olio. Cuocere in friggitrice ad aria a 200° per 15 minuti. Servire caldi. Conservare in frigo per massimo 3 giorni oppure congelare.

Kcal 310 | C 39,4 g | P 11,5 g | G 11,9 g

CRACKERS AL ROSMARINO

INGREDIENTI

190 g farina 0
90 ml d'acqua tiepida
80 g d'olio extravergine d'oliva
3 g sale fino
2 g lievito di birra disidratato
Rosmarino secco
Sale grosso

PROCEDIMENTO

32 porz.
10 min + 2 h lievitazione
15 min
200°

Unire la farina e il lievito. Aggiungere l'acqua tiepida e iniziare ad impastare. Unire 70 g d'olio a filo e impastare a mano a mano. Aggiungere per ultimo il sale ed impastare energicamente per 10 minuti. Mettere l'impasto in una ciotola unta con l'olio, coprire con pellicola e lasciar lievitare per 2 ore. Ungere un foglio di carta da forno e stendere l'impasto col mattarello. Tagliare a quadretti, bucherellare con una forchetta, ungere con l'olio e distribuire il sale grosso e il rosmarino. Preriscaldare la friggitrice ad aria a 200° per 5 minuti. Cuocere in friggitrice ad aria a 200° per 15 minuti, cambiando lato a metà cottura.

Kcal 43 | C 4,2 g | P 0,7 g | G 2,6 g

SUPPLÌ POMODORO E MOZZARELLA

12 porz.

20 min

30 min

200°

INGREDIENTI

300 g riso carnaroli
250 g salsa di pomodoro
150 g mozzarella per pizza
150 g cipolla
50 g pecorino romano grattugiato
20 g olio extravergine d'oliva
20 g vino bianco
3 uova
250 g pangrattato
Brodo vegetale q.b.
Sale e pepe q.b.

PROCEDIMENTO

Portare a bollore il brodo vegetale. Sminuzzare la cipolla. Scaldare una pentola con l'olio e rosolare la cipolla per un paio di minuti. Aggiungere il riso e tostarlo per 5 minuti a fiamma media. Sfumare col vino ed aggiungere il brodo vegetale fino a coprire completamente il riso. Unire anche la salsa di pomodoro, un pizzico di origano, pepe e cuocere per circa 10-15 minuti, aggiungendo poco brodo se necessario. Quando risulterà cotto e asciutto, spegnere il fuoco ed aggiungere il pecorino grattugiato e mescolare. Lasciar intiepidire il riso in frigo per circa 1 ora. Tagliare a listarelle la mozzarella. Inumidire le mani, prendere un po' di riso e schiacciarlo sul palmo della mano. Distribuire un po' di mozzarella grattugiata e richiudere, dando la forma allungata. Sbattere in un piatto le uova con un pizzico di sale e pepe. Mettere in un altro piatto il pangrattato. Immergere ogni supplì prima nell'uovo sbattuto e successivamente nel pangrattato. Metterli su un foglio di carta da forno, spruzzarli con l'olio. Preriscaldare la friggitrice ad aria a 200° per 5 minuti. Cuocere i supplì a 200° per 20 minuti, girandoli a metà cottura. Servire caldi. Conservare in frigo per massimo un giorno oppure congelare.

Kcal 353 | C 37,5 g | P 10,1 g | G 7,4 g

MOZZARELLA IN CARROZZA

4 porz.

20 min

10 min

200°

INGREDIENTI

140 g pane in cassetta (8 fette)
200 g mozzarella
100 g pangrattato
50 g latte intero
2 uova medie
5 g olio extravergine d'oliva
Sale e pepe q.b.

PROCEDIMENTO

Strizzare per bene la mozzarella e tagliarla a fette. Mettere in una ciotola con sale e pepe e sbattere con una forchetta. Mettere le fette di mozzarella su 4 fette e ricoprire con le altre. Mettere in una ciotola il latte e in un'altra ciotola il pangrattato. Immergere i panini dentro una ciotola col latte, da entrambi i lati, passarli poi nelle uova sbattute e successivamente nel pangrattato, fino a ricoprire tutta la superficie. Spruzzare con l'olio d'oliva. Cuocere in friggitrice ad aria a 200° per 10 minuti, girando a metà cottura. Servire caldi.

Kcal 290 | C 4,2 g | P 0,7 g | G 2,6 g

POLPETTINE DI CARNE

INGREDIENTI

300 g macinato di manzo
200 g macinato di maiale
60 g mollica di pane
50 g parmigiano grattugiato
50 g pecorino grattugiato
1 uovo medio
10 g olio extravergine d'oliva
2 cucchiai di prezzemolo fresco tritato
Aglio in polvere
Sale e pepe q.b.

PROCEDIMENTO

Tritare la mollica di pane. Unire tutti gli ingredienti in una ciotola, ad eccezione dell'olio e impastare con le mani fino ad ottenere un impasto omogeneo. Formare circa 32 polpette con 25 g di impasto e modellare con le mani umide. Preriscaldare la friggitrice ad aria a 180° per un paio di minuti. Spruzzare con l'olio d'oliva e cuocere a 180° per 15 minuti. Cambiare lato a metà cottura. Servire calde. Conservare in frigo per massimo 3 giorni, oppure congelare.

Kcal 45 | C 1 g | P 4,7 g | G 2,4 g

32 porz.
10 min
15 min
180°

GNOCCHI SCROCCHIARELLI

INGREDIENTI

500 g gnocchi
15 g olio extravergine d'oliva
Paprika piccante e dolce
Rosmarino secco
Un pizzico di sale

PROCEDIMENTO

Mettere tutti gli ingredienti in una ciotola e mescolare per bene. Mettere il tutto nel cestello della friggitrice ad aria e cuocere a 200° per 15 minuti, scuotendo il cestello a metà cottura. Servire caldi o tiepidi.

Kcal 133 | C 24,2 g | P 2,1 g | G 2,6 g

6 porz.
3 min
15 min
200°

MOZZARELLINE IMPANATE

INGREDIENTI

250 g mozzarelline
2 uova
100 g pangrattato
50 g farina
10 g olio extravergine d'oliva
Sale q.b.

PROCEDIMENTO

Far sgocciolare le mozzarelline per 30 minuti. In un piatto mettere le uova con un pizzico di sale e sbatterle con una forchetta. Mettere in un altro piatto la farina e in un altro piatto ancora il pangrattato. Passare le mozzarelline prima nella farina, poi nell'uovo e successivamente nel pangrattato. Metterle nel cestello della friggitrice ad aria, senza sovrapporle l'una all'altra. Spruzzarle con l'olio e cuocerle a 200° per 8 minuti. Servire calde.

Kcal 226 | C 19,5 g | P 12,9 g | G 10,8 g

6 porz.
5 min
8 min
200°

RUSTICI LECCESI

INGREDIENTI

2 rotoli di pasta sfoglia rettangolare
100 g salsa di pomodoro
100 g mozzarella
170 g besciamella
5 g olio extravergine d'oliva
1 tuorlo d'uovo
Un pizzico di sale

PROCEDIMENTO

Mettere in una ciotolina la salsa di pomodoro con l'olio e il pizzico di sale e mescolare. Srotolare i due rotoli di pasta sfoglia. Ricavare con un coppapasta dal diametro di 10 centimetri, dei cerchietti; in tutto 20 cerchietti. Posizionare al centro di 10 cerchietti un po' di besciamella, la mozzarella tagliata a cubetti e un po' di salsa. Richiudere con gli altri dischi e sigillare bene i bordi, premendo con le dita e con i rebbi di una forchetta. Spennellare i rustici con il tuorlo sbattuto. Preriscaldare la friggitrice ad aria per 5 minuti a 200° e cuocere i rustici, senza sovrapporli l'un con l'altro, in friggitrice ad aria a 200° per 16 minuti, cambiando lato a metà cottura. Servire caldi. Conservare in frigo per massimo 2 giorni in un contenitore di plastica rigido.

10 porz.

10 min

16 min

200°

Kcal 239 | C 19,4 g | P 6,1 g | G 14,3 g |

FALAFEL

INGREDIENTI

550 g ceci cotti in scatola
60 g farina integrale
60 g di semi di sesamo bianchi e neri
100 g cipolla bianca
15 g tahina
15 g olio extravergine d'oliva
1 cucchiaino di lievito istantaneo per salati
1 cucchiaino di prezzemolo tritato fresco
1 spicchio d'aglio
2 cucchiaini di cumino
1 cucchiaino di curry dolce
1 cucchiaino di dragoncello
1 cucchiaino di coriandolo
½ cucchiaino di curcuma
Sale e pepe q.b.

PROCEDIMENTO

Scolare e sciacquare i ceci. Metterli in una mixer. Aggiungere la cipolla tagliata a pezzi, l'aglio a pezzi, il prezzemolo, il cumino in polvere, il curry, la curcuma, il coriandolo, il dragoncello, sale e pepe. Frullare ed aggiungere l'olio a filo a mano a mano. Aggiungere anche la tahina, 30 g farina integrale e il lievito. Mescolare e lasciar riposare per 30 minuti. Aggiungere anche la farina rimasta e mescolare. Formare circa 20 palline e schiacciarle leggermente con le mani. Spruzzare con l'olio la superficie dei falafel e distribuire i semi di sesamo; schiacciare leggermente per far aderire bene. Cuocere in friggitrice ad aria a 180° per 12 minuti, da entrambi i lati, senza sovrapporli l'un con l'altro.

20 porz.

15 min + 30 min riposo

12 min

180°

Kcal 75 | C 4,5 g | P 3,1 g | G 3,3 g |

PANELLE

INGREDIENTI

500 g farina di ceci
1500 ml acqua
10 g sale
1 cucchiaio prezzemolo tritato
20 g olio extravergine d'oliva
Sale e pepe q.b.

PROCEDIMENTO

Mettere la farina setacciata in una pentola. Aggiungere l'acqua a filo, mescolando con le fruste a mano. Aggiungere l'acqua rimanente solo quando il composto non risulterà liscio. Aggiungere il sale ed accendere il fuoco a fiamma moderata. Una volta che si sarà addensato il tutto, aggiungere il prezzemolo ed mescolare con un cucchiaio di legno. Cuocere a fiamma molto bassa per 20 minuti fino ad ottenere un impasto denso. Stendere l'impasto su un piano di lavoro, livellarlo con una spatola e una volta freddato, tagliarlo a in triangoli o quadrati. Spennellare le panelle con l'olio d'oliva e cuocere in friggitrice ad aria a 180° per 14 minuti, cambiando lato a metà cottura. Servire con una spolverata di sale e pepe.

Kcal 98 | C 12 g | P 5,3 g | G 2,6 g

20 porz.

15 min

34 min

180°

PATATINE "FRITTE" CROCCANTI

INGREDIENTI

400 g patate
10 g olio di semi di girasole
1 cucchiaino di paprika affumicata
Sale q.b

PROCEDIMENTO

Sbucciare le patate e tagliarle a strisce. Immergerle in una ciotola con acqua fredda. Lasciare in ammollo per 30 minuti. Sciacquarle sotto l'acqua fredda, scolarle e asciugarle tamponando con carta assorbente. Metterle in una ciotola ed aggiungere l'olio e la paprika. Mescolare abbondantemente fino a ricoprirle tutte d'olio. Preriscaldare la friggitrice ad aria a 200° per 4 minuti. Mettere le patatine nel cestello della friggitrice ad aria, senza sovrapporle troppo e cuocere a 200° per 20-25 minuti, fino a doratura desiderata, scuotendo varie volte il cestello durante la cottura. Condire col sale e servire accompagnate da salse varie.

Kcal 211 | C 35,8 g | P 4,2 g | G 6,6 g

2 porz.

10 min + 30 min riposo

20/25 min

200°

ANELLI DI CIPOLLA

INGREDIENTI

250 g cipolla dorata
120 g farina di semola di grano duro
120 g pangrattato
2 uova medie
15 g di olio di semi di girasole
Un pizzico di cumino in polvere
Un pizzico di curry dolce
Un cucchiaino di paprika dolce
Erba cipollina essiccata
Sale e pepe q.b.

PROCEDIMENTO

Sbucciare le cipolle e rimuovere le estremità. Tagliarle a fette spesse 3 cm e separare i vari strati. Mettere gli anelli di cipolla in ammollo in acqua fredda per 10 minuti. Nel frattempo, mettere le uova in un piatto con le spezie e mescolare velocemente con una forchetta. Mettere in un altro piatto la farina e in un altro ancora il pangrattato. Scolare gli anelli e tamponarli con carta assorbente. Metterli in una ciotola e unire 5 g di olio; mescolare per bene. Passare ogni anello prima nella farina, poi nelle uova sbattute e successivamente nel pangrattato, fino a che non viene completamente ricoperto. Ripetere l'operazione con tutti gli anelli. Spuzzare la superficie con l'olio rimasto. Preriscaldare la friggitrice ad aria a 200° per 3 minuti. Distribuire gli anelli di cipolla nel cestello della friggitrice e cuocere a 180° per 15 minuti, cambiando lato a metà cottura. Distribuire il sale e servire accompagnati da salse.

4 porz.

15 min + 10 min riposo

15 min

180° - 200°

Kcal 258 | C 47,9 g | P 7,9 g | G 4,4 g

NUGGETS DI POLLO

INGREDIENTI

500 g petto di pollo
50 g farina 00
80 g fiocchi di mais
1 uovo grande
200 g circa di latte intero
Aglio in polvere
Paprika dolce
Peperoncino in polvere
Rosmarino secco
Sale e pepe q.b.

PROCEDIMENTO

Lavare e asciugare il petto di pollo; tagliarlo a pezzi. Mettere in una ciotola il pollo con le spezie e coprire fino a coprirlo completamente con il latte. Lasciar riposare in frigo per 1-2 ore. Sbriciolare grossolanamente i fiocchi di mais e metterli in un piatto. Mettere in un altro piatto la farina e in un altro ancora l'uovo sbattuto con un po' di sale e pepe. Passare i pezzi di pollo prima nella farina, poi nell'uovo e poi nei fiocchi di mais. Preriscaldare la friggitrice ad aria a 200° per 5 minuti. Distribuire i nuggets nel cestello della friggitrice ad aria, senza sovrapporli. Cuocerli a 180° per 10 minuti, girandoli a metà cottura. Servire accompagnati da salsine.

4 porz.

15 min + 2 h riposo (facoltativo)

10 min

180° - 200°

Kcal 305 | C 29,8 g | P 36,4 g | G 4,3 g

FRITTELLE DI CAVOLFIORE

INGREDIENTI

600 g cavolfiore
50 g pangrattato
30 g pecorino romano grattugiato
20 g parmigiano grattugiato
100 g caciotta
2 uova grandi
60 g latte intero
20 g di olio extravergine d'oliva
Aglio in polvere
Sale e pepe q. b.

PROCEDIMENTO

Portare ad ebollizione una pentola d'acqua salata. Cuocere i cavolfiori per 10 minuti. Scolarlo per bene e sminuzzarlo con una forchetta. Tritare la caciotta. Aggiungere tutti gli ingredienti, ad eccezione di 30 g di pangrattato ed amalgamare fino ad ottenere un composto omogeneo. Formare delle palline e schiacciarle col palmo della mano. Preriscaldare la friggitrice ad aria a 180°. Spruzzare con l'olio rimasto e passarle nel pangrattato rimasto. Posizionare le frittelle di cavolfiore su un foglio di carta da forno e successivamente cuocere per 20 minuti, girandole a metà cottura. Servire accompagnate da salsine.

Kcal 290 | C 14,6 g | P 18,2 g | G 17,5 g

4 porz.
10 min
20 min
180°

CAVOLFIORE FRITTO

INGREDIENTI

1 cavolfiore (1 kg al netto degli scarti)
200 g farina 00
1 uovo medio
150 ml di acqua frizzante fredda
10 g olio extravergine d'oliva
Prezzemolo tritato
Sale e pepe q.b.

PROCEDIMENTO

Lavare il cavolfiore ed eliminare le parti dure e le foglie, ricavandone le cime. Sbollentare il cavolfiore in abbondante acqua salata per 5 minuti dalla ripresa del bollore. Nel frattempo, setacciare la farina in una ciotola; aggiungere l'acqua fredda, l'uovo, il sale ed un pizzico di pepe. Mescolare con una frusta a mano fino ad ottenere un composto fluido ed omogeneo. Scolare le cime di cavolfiore e passarle nella pastella. Posizionarle su un vassoio ricoperto con carta da forno e riporle in congelatore per un'ora. Preriscaldare la friggitrice ad aria a 200° per 3 minuti. Spruzzare un po' d'olio nel cestello della friggitrice ad aria e sui cavolfiori e cuocerli per 15 minuti, girandoli a metà cottura. Servire caldi e consumare subito.

Kcal 195 | C 28,8 g | P 9,8 g | G 3,3 g

6 porz.
10 min
20 min
200°

PANZEROTTI

INGREDIENTI

250 g semola di grano duro rimacinata
250 g farina 0
250 ml acqua
50 g olio extravergine d'oliva
12 g lievito di birra fresco
40 g latte intero
5 g zucchero
15 g sale

PER IL RIPIENO

200 g salsa di pomodoro
250 g mozzarella grattugiata
200 g prosciutto cotto
Un pizzico di origano
Basilico fresco
10 g olio extravergine d'oliva

PROCEDIMENTO

10 porz.
10 min
20 min
200°

Mescolare acqua, zucchero e lievito. Aggiungere l'olio d'oliva, il latte e mescolare di nuovo. Aggiungere le farine e il sale. Impastare a mano a mano per almeno 10 minuti, fino a quando l'impasto non risulterà liscio ed elastico. Coprire la ciotola con pellicola e con un canovaccio e lasciar cuocere per 2 ore in un ambiente caldo, fino a quando non sarà raddoppiato di volume. Trascorso il tempo, mettere l'impasto su un piano di lavoro infarinato. Lavorare ancora per qualche minuto e dividere l'impasto in palline da 90 g l'una. Stendere ogni pallina col mattarello, senza renderla troppo sottile. In una ciotola unire la salsa di pomodoro con l'olio, l'origano, il basilico sminuzzato, un pizzico di sale e mescolare. Spezzettare il prosciutto cotto e metterlo in un piatto. Mettere al centro di ogni disco 2 cucchiai di salsa di pomodoro e una manciata di mozzarella e prosciutto. Inumidire la parte esterna del disco e chiudere a mezzaluna, sigillando i bordi una forchetta. Spennellare con poco olio ciascun panzerotto e cuocere in friggitrice ad aria a 200° per 7 minuti, girando a metà cottura. Servire caldi. Conservare in frigo per massimo 3 giorni, oppure congelare.

Kcal 359 | C 3,8 g | P 13 g | G 15,9 g

FIORI DI ZUCCA PASTELLATI RIPIENI DI SCAMORZA

INGREDIENTI

200 g fiori di zucca
200 g farina 00
50 g scamorza affumicata
½ cucchiaino di lievito istantaneo per salati
150 g circa di acqua gasata fredda
4 g olio extravergine d'oliva
Sale e pepe q.b.

PROCEDIMENTO

4 porz.
10 min
20 min
200°

Lavare e pulire i fiori di zucca e metterli ad asciugare su un panno e tamponarli con carta assorbente. Grattugiare la scamorza. Unire in una ciotola la farina, sale e pepe e il lievito. Aggiungere più o meno acqua a filo fino ad ottenere una pastella compatta ma liscia ed elastica. Riempire i fiori di zucca con la scamorza e passarli nella pastella. Disporli su di un foglio di carta da forno e cuocere in friggitrice ad aria a 200° per circa 20 minuti. A metà cottura, spruzzare con l'olio, girare dall'altro lato e spruzzare ancora. Servire caldi.

Kcal 237 | C 36,9 g | P 9 g | G 5,3 g

PIZZETTE SENZA LIEVITAZIONE

INGREDIENTI

100 g farina 1
60 g latte intero
10 g olio extravergine d'oliva
4 g lievito istantaneo per salati
50 g mozzarella grattugiata
50 g salsa di pomodoro
1/2 cucchiaino di paprika
Un pizzico di origano
Basilico fresco
Sale q.b.

PROCEDIMENTO

Mettere in una ciotola la farina, il lievito, un pizzico di sale e mescolare. Aggiungere 5 g di olio e il latte e dapprima, mescolare, dopo di che impastare velocemente con le mani fino ad ottenere un impasto omogeneo. Dividere l'impasto in 4 parti uguali e stendere ogni parte, col mattarello fino ad ottenere dei dischetti sottili. Mettere la salsa di pomodoro in una ciotolina, aggiungere l'olio rimasto, la paprika, l'origano e un pizzico di sale e mescolare. Distribuire la salsa tra le varie pizzette. Posizionare le pizzette sul cestello della friggitrice ad aria e cuocerle a 160° per 15 minuti. Aggiungere la mozzarella grattugiata e cuocerle per altri 7 minuti. Servire calde. Conservare in frigo per massimo 3-4 giorni chiuse in un contenitore, oppure congelarle.

Kcal 168 | C 20,9 g | P 6,3 g | G 6,3 g

4 porz.
10 min
22 min
160°

BOCCONCINI DI PIZZA FRITTA AL ROSMARINO

INGREDIENTI

350 g farina 0
200 ml acqua tiepida
15 g olio extravergine d'oliva
8 g lievito di birra fresco
5 g di sale
1 cucchiaino di rosmarino secco
Sale grosso q.b.

PROCEDIMENTO

Unire in una ciotola l'acqua tiepida e il lievito e sciogliere. Aggiungere 170 g di farina ed impastare. Unire il sale, 10 g olio, il rosmarino e la restante farina ed impastare a mano o con una planetaria. Impastare fino ad ottenere un impasto morbido ed omogeneo. Lasciar lievitare fino a farlo raddoppiare. Mettere l'impasto su un piano di lavoro infarinato e suddividere l'impasto in bocconcini, della forma desiderata. Lasciar lievitare i bocconcini per almeno un'ora. Preriscaldare la friggitrice ad aria a 200° per 8 minuti. Spuzzare i bocconcini con l'olio rimasto e distribuire il sale grosso, premendo un po' con le mani. Mettere i bocconcini su un foglio di carta da forno, non sovrapposti l'uno con l'altro e cuocere in friggitrice ad aria per 10 minuti, cambiando lato a metà cottura. Servire caldi o tiepidi. Conservare in un sacchetto di plastica chiuso per massimo 2-3 giorni.

Kcal 222 | C 41,4 g | P 6,4 g | G 3,1 g

6 porz.
10 min + 2-3 h lievitazione
8 min
200°

CROCCHETTE DI PATATE CON PROSCIUTTO

INGREDIENTI

600 g patate rosse al netto degli scarti (circa 900 g compresi scarti)
2 tuorli d'uovo
50 g grana grattugiato
50 g pecorino grattugiato
100 g prosciutto cotto a cubetti
1 uovo grande
100 g pangrattato
10 g olio extravergine d'oliva
1 spicchio d'aglio
Prezzemolo tritato
Sale e pepe q.b.

PROCEDIMENTO

14 porz.

5 min

25 min

200°

Lavare le patate e bollirle fino a renderle tutte cotte; ci vorranno circa 30 minuti ma il tempo varia in base alle dimensioni della patata. Passare velocemente sotto l'acqua fredda le patate e sbucciarle. Schiacciarle con uno schiacciapatate oppure con una forchetta fino a renderle una purea. Aggiungere i tuorli, il formaggio grattugiato, il prosciutto cotto a cubetti, l'aglio tritato, sale e pepe e impastare rapidamente. Dare la forma di crocchette; in tutto circa 14. Sbattere l'uovo con sale e pepe in una fondina. In un'altra versare invece il pangrattato. Passare le crocchette nell'uovo e subito dopo nel pangrattato. Metterle nel cestello della friggitrice ad aria, spruzzarle con l'olio e cuocerle per 20 minuti a 200°, girandole più volte. Servire calde.

Kcal 117 | C 13,4 g | P 7,4 g | G 4,9 g

TI È PIACIUTO QUESTO LIBRO?

LASCIA LA TUA RECENSIONE PER AIUTARE ALTRI UTENTI A SCOPRIRE RICETTE GUSTOSISSIME ...E POI VIENI A TROVARCI SUL NOSTRO GRUPPO FACEBOOK!

CONDIVIDI LE TUE FOTO E I TUOI ESPERIMENTI, TI ASPETTIAMO!

www.facebook.com/groups/friggitricezerosbatti/

SCARICA IL TUO REGALO!

FOODELIA
PRESS

Printed by Amazon Italia Logistica S.r.l.
Torrazza Piemonte (TO), Italy

52606331R00098